Hanna Meller

Hilfe Pubertät!
7 Überlebensstrategien für Eltern

Impressum

1. Auflage 2022

Grünbichl 117
A-4230 Pregarten

Verlag: PeakVerlag

ISBN: 978-3-9505322-0-3

Verantwortlich für den Druck: Amazon Distribution GmbH, Leipzig

Hanna Meller

Hilfe Pubertät!
7 Überlebensstrategien für Eltern

Wie Sie mit Gelassenheit Ihrem Kind Halt geben
und die perfekte Mischung aus Nähe
und Distanz finden

Inhalt

"Zwei Dinge sollen Kinder von ihren Eltern bekommen:
Wurzel und Flügel."

Johann Wolfgang von Goethe

Die kunterbunte Welt der Kindererziehung

Eine Familie ist wunderbar. Der geregelte Alltag wird vor allem durch Ihre Kinder von Überraschungen durchbrochen. Klar ist die Erziehung von Anfang an eine Herausforderung. Vieles machen Sie offensichtlich richtig, wenn sich die lieben Kleinen nach Ihren Vorstellungen positiv entwickeln.

Immer wieder kommen da auch diese Trotzphasen. In der Entwicklung von kleinen Kindern und bis etwa zum zehnten oder zwölften Lebensjahr haben Sie dafür tausendundeine Strategien, von denen mindestens ein Fünftel sofort funktionieren. Dann ändert sich mit Beginn der Pubertät noch einmal alles um gefühlte 720°.

Schon vorher bringt Sie der vermeintliche Starrsinn Ihrer Kinder an nervliche und emotionale Grenzen. Spätestens bis zur Pubertät sollten Eltern dafür ein stabiles Gefühlskorsett entwickeln. »Die Umwelt formt den Menschen« ist ein Versuch aus wissenschaftlicher Perspektive, den Charakter von Menschen in ihrer positiven oder negativen Entwicklung zu beschreiben. »Das kann er nur von dir haben«, ist die Annahme von Eltern, die Gene ihrer Mütter und/oder Väter seien für die eine oder andere Eigenheit verantwortlich. Natürlich sind es im Problemfall jeweils die Gene der anderen Erblinie.

Vergessen Sie solche Meinungen am besten gleich wieder. Ihr Kind in der Pubertät entwickelt sich zu sich selbst. Es reift zu einer Persönlichkeit mit nicht vergleichbaren Charaktereigenschaften, Verhaltensweisen und Wertvorstellungen. Klar geben Sie als Eltern einen Teil an charakterlicher Veranlagung Ihren Kindern mit. Da können auch befremdliche

Charakterzüge von Großeltern plötzlich »durchschlagen«.

Alles andere schauen sich Jugendliche voneinander auf Augenhöhe ab. Sie finden ihren turbulenten Entwicklungsweg zwischen Erziehung und Erleben. Elterliche Empfehlungen, Anweisungen sowie das vorgelebte Verhalten fließen mit ein. Sprühen Sie beim Lesen dieses Ratgebers gern vor Weißglut, schmunzeln im Wiedererkennen oder schütteln verständnislos den Kopf. Ziel ist es, Ihnen strategische Empfehlungen zu geben, die aus bisher erfreulicher Kindererziehung eine Wegbegleitung für die chaotische Entwicklungszeit Ihrer Kinder durch die Pubertät machen.

Unterschiede in der Pubertät nach Familiensituationen

Der Trotz von Kindern ist von Anfang an ein Austesten ihrer Grenzen innerhalb des sozialen Umfeldes. Hier sind starke Eltern mit gemeinsamer, klarer Meinung gefordert. Alle bislang erkannten und akzeptierten Grenzen sind spätestens ab dem Beginn der Pubertät aus den Angeln gehoben. Beim Ausprobieren neuer Rahmenbedingungen sind Sie nicht als autoritäre Elternmauer, sondern als flexibler »Fels in der Brandung« gefragt. Trotzen, erzogen werden und künftig gehorchen lassen Lücken. Da gibt es noch die Großeltern, weitere Verwandte und die ach so klugen Ratschläge anderer Eltern. Ganz ehrlich? Davon ist nur die Hälfte für Ihre individuelle Situation hilfreich. So kunterbunt wie die Kinderwelt ist auch die Welt unterschiedlicher Familiensituationen in der Pubertät. In meinen sieben Strategien kann ich nicht auf alle Situationen einzeln eingehen. In aller Kürze stelle ich sie hier dennoch vor:

Vater, Mutter, ein Kind

Zwei Elternteile übernehmen Fürsorge und Erziehung ihres einen Kindes. Es muss sich in seiner Kinderwelt zwischen den Vorschriften und Erziehungsmethoden dieser beiden Autoritäten orientieren. Soweit Großeltern vorhanden sind, gibt es schon hier Ausweichmöglichkeiten. Viel Familienstreit entsteht aus den unterschiedlichen Auffassungen über Erziehung. Die einen sind zu nachgiebig, die anderen zu streng. Kinder orientieren sich schon früh nach der möglichst »weichen« Erziehungsseite.

Bestimmt haben Sie diesen T-Shirt-Aufdruck schon einmal gesehen:

»Wenn Papa und Mama nein sagen, frage ich eben Oma und Opa.« Die gemeinsame Erziehung eines Einzelkindes ist daher ein Spagat aus eigenen Wünschen, den Bedürfnissen Ihres Sprösslings und den Vorstellungen anderer familiärer Kontaktpersonen.

Vater, Mutter, zwei oder mehr Kinder

In einer Familie mit zwei oder mehr Kindern scheinen Erziehungskonflikte vorprogrammiert. Geschwister untereinander sind vorzügliche Strategen, wenn es um mehr Freiheit und weniger Vorschriften geht. Blicken Sie auf die Erziehungssituation mit Einzelkind, sehen Sie hier einen entscheidenden Unterschied. Geschwister werden nicht nur gemeinsam erzogen, sondern erziehen sich auch gegenseitig. Die älteren Geschwister bekommen ab einem verständigen Alter sogar Verantwortung für die Jüngeren. Diskussionen gibt es bei der Regelung der Schlafenszeit, erlaubten Ausgehzeiten in der Pubertät oder um die Frage nach Fernsehen und Unterhaltungselektronik. Bleiben Sie bei den älteren Jugendlichen konsequent in Ihrer Erziehungsstrategie, können Sie stärkere Konflikte beim Heranwachsen der Jüngeren frühzeitig abmildern. Erspart bleiben Ihnen diese dennoch nicht.

Alleinerziehende Eltern mit einem oder mehreren Kindern

Alleinerziehende haben es schwer, in der Kindererziehung das nötige Durchsetzungsvermögen ständig aufzubringen. Je nach Familiensituation nutzen Kinder jede Erziehungsschwäche für mehr Freiheiten aus. Manchmal entwickeln sie auch das Bedürfnis, plötzlich als »kleine Erwachsene« den Partnerersatz zu übernehmen. Beides ist nicht vorteilhaft für eine gesunde, kindliche Entwicklung. Dennoch wird Ihnen im Verlauf dieses Ratgebers speziell über Erziehung in der Pubertät auch dieses Gefüge hin und wieder begegnen.

Und dann war da noch die Pubertät

Bis gestern war Brokkoli doof und ein Waldspaziergang mit den Eltern in Ordnung. Plötzlich ist alles anders. Die Jugendlichen beschlagnahmen das Badezimmer wie eine uneinnehmbare Festung. Sie verlieren das Interesse an bisher geliebten Hobbys. Zuhören und antworten passiert nur noch flüchtig und ist oft überhaupt ausgeschlossen. Spätestens ab dem zehnten Lebensjahr beginnt der Lebenssturm, der aus Kindern Erwachsene und aus Eltern entweder gute Freunde oder »verständnislose Spießer« macht. Erschrecken Sie sich nicht über neue Schimpfwörter, tagelanges Schweigen mit ständigem Augenrollen. Bleiben Sie stur, wenn es um die Einhaltung Ihrer bewährten Regeln geht.

Vor allem: Betrachten Sie Ihre Pubertierenden nicht wie Aliens. Die Jugendlichen machen jetzt kräftige Veränderungen durch. Einen Teil davon bestimmen starke hormonelle Umbrüche. Jungens, die bisher mit kristallklarer Stimme Liedchen trällerten, klingen plötzlich wie Erwachsene in Jugendkleidung. Mädchen, die bisher mit sich zufrieden schienen, stört plötzlich das kleinste Pickelchen. Ich gehe auf das ganze Paket von Veränderungen in den sieben Strategien ein.

Für Sie vorab die gute Nachricht:

Pubertät raubt Ihnen nicht den letzten Nerv. Wenn Sie die eine oder andere strategische Empfehlung humorvoll umsetzen, gehen Sie gemeinsam mit einem Schmunzeln und manchem herzhaften, gemeinsamen Lachen durch diese Phase. Sie selbst haben während der Pubertät Ihrer Kinder die einmalige Chance, auch sich selbst mit anderen, bestenfalls fröhlichen Augen kennenzulernen.

Bevor es losgeht, noch zwei kleine Hinweise:

Erstens: In meinen sieben Strategien wird es vorkommen, dass das eine oder andere Szenario wiederholt als Beispiel verwendet wird. Selbstverständlich aus jeweils anderen Perspektiven. Denn so läuft das nun einmal bei der Erziehung von pubertierenden Jugendlichen: Probleme tauchen auf, verschwinden wieder, und kommen irgendwann zurück. Dann aber meist leicht verändert oder in einem anderen Zusammenhang.

Und zweitens: Dieses Buch muss nicht strikt von der ersten bis zur letzten Seite durchgelesen werden. Genau so können Sie sich im Inhaltsverzeichnis eine Strategie oder – noch präziser – ein spezielles Problem oder eine exakte Situation aussuchen, diese studieren und dann wieder zurück zum Inhaltsverzeichnis springen. Sie entscheiden selbst, welche Anwendungsweise Ihnen lieber ist.

STRATEGIE 1

Sehen Sie die Welt aus der Sicht Ihrer pubertierenden Kinder

Erinnern Sie sich noch an Ihre eigene Kindheit? Sind Sie in der Pubertät manches Mal heimgekommen mit dem flauen Gefühl, dass die nächste kritische Ansprache schon auf Sie wartet? Das Hauptempfinden vom frühen Erwachsensein beginnt spätestens mit den Feierlichkeiten der Konfirmation oder Jugendweihe, also im 14. Lebensjahr. Offizielle Personen erklären in Ansprachen, dass ab nun »der Ernst des Lebens« beginnt. Ich persönlich kenne nur wenige Jugendliche, die sich eine solche Podiumsrede wirklich zu Herzen nehmen.

Eines allerdings saugen sie auf wie ein trockener Schwamm: Dass sie jetzt gesiezt werden, Verantwortung übernehmen müssen und ihr Lebensweg eigenständiger wird.

Problem Eins: Der Spagat von der Kinderwelt in die Jugendphase

In der Kinderzeit binden Sie Ihre Kinder in viele Aktivitäten der Familie ein. Je nach Erziehungsmodell entscheiden die Eltern über die Freizeitgestaltung. Mancher Vorschlag löst Begeisterung aus, ein anderer vielleicht Murren oder Stillschweigen. Plötzlich, schon früh in der Pubertät, ändert sich die Tonlage der Diskussion in »Das entscheidet doch sowieso nur ihr« oder »Darf ich nicht auch mal was allein entscheiden?«

Gestern war ein gemeinsames Spiel in der Wohnung bei schlechtem Wetter noch prima gegen Langeweile. Heute bieten Handy, Laptop oder

PC virtuelle Abwechslung. Auch Popcorn im Kino oder Ausflüge in die Natur lösen nicht mehr die kindliche Begeisterung von vor zwei Wochen aus.

Zurück bleibt für Sie als Eltern ein mulmiges Gefühl. Jugendliche lassen sich nicht anmerken, dass auch ihnen selbst mulmig ist. Sehr wohl registrieren Jugendliche ihre veränderte Interessenwelt. Es beginnt eine Phase der heftigen Neuorientierung. Viele Familienkonflikte entstehen, weil Gemeinsamkeiten verloren zu gehen scheinen. Nicht überall findet das im gleichen Tempo und Ausmaß statt.

Lösungsideen

Spielen Sie Ihr mulmiges Gefühl nicht herunter. Oft nehmen sich Eltern nach außen zurück, um die Kinder nicht zu verletzen. Das ist purer Selbstbetrug. Vielmehr nehmen Kinder in der Pubertät dies wahr. Sie ihrerseits verletzen nicht absichtlich, nehmen sich also selbst ebenfalls zurück. Vermeiden Sie diese Spirale, indem Sie deutlich aussprechen, dass Sie »das gerade erst mal verdauen müssen« oder »sich damit momentan nicht zurechtfinden«.

Machen Sie nicht sofort neue Vorschläge. In jeder Familie ist jeder Tag ein neuer Herd für Konflikte. In manchen Familien sind die schnell und einvernehmlich oder schnell und bestimmend erledigt. In anderen herrscht Gute-Laune-Pflicht in jeder Situation. Bieten Sie Ihrem Kind als Konfliktlösung eine Bucketlist an. Machen Sie selbst eine und legen die beim nächsten Mal gemeinsam auf den Tisch. Sie werden schnell mindestens einen Punkt finden, der Sie alle begeistert.

Bieten Sie Ihren Kindern Eigeninitiative bei den Vorschlägen an. Fragen Sie nicht nach Gründen für die eine oder andere Ablehnung. Hören Sie aber zu, falls Ihre Kinder das besprechen möchten.

Lassen Sie zu, dass Sie über die Veränderung traurig sind. Aber verfallen Sie nicht in eine dauerhafte Abschiedsstimmung. Sie als Kind haben vielleicht selbst wortlos unter dieser komischen trüben Luft im Elternhaus in einer solchen Phase gelitten.

Reden Sie mit Ihren Kindern über Ihre Traurigkeit. Pubertierende grenzen ihre eigenen Empfindungen gerne deutlich von denen der Eltern ab. Durch unausgesprochene Traurigkeit könnten Sie ein Schuldgefühl vermitteln, für das es keinen Grund gibt.

Verlangen Sie von Pubertierenden kein Verständnis. Bitten Sie allerdings – falls es Situation und Stimmung gerade zulassen – um ein paar Minuten für eine Erklärung. Können Sie Ihr Empfinden nicht ausdrücken, sprechen Sie auch das aus. Und betonen Sie immer, dass Sie sich im gleichen emotionalen Spagat wie Ihre Kinder befinden.

Praxisbeispiele

Situation Eins: Gemeinsam unterwegs sein

Sie möchten das Wochenende oder freie Tage mit den Kindern beim Wandern oder auf einer Kurzreise verbringen. Die Kinder lehnen das aber ab mit der Begründung »Ich bin doch kein Kind mehr.« Dann empfiehlt es sich, durchaus ohne Ihren Nachwuchs loszuziehen.

Falls Sie den Plan schon fest verbucht hatten: Ziehen Sie ihn ohne Ihre Kinder durch. Anfangs wird das in Ihnen ein schlechtes Elterngewissen auslösen. Nehmen Sie sich in dieser Übergangsphase nur kleine Schritte vor, etwa einen Spaziergang statt einer Fahrt. Lassen Sie sich vom Widerspruch der Jugendlichen nicht umstimmen. Oft führt diese neue Ankündigung rasch zu einem »Na gut, dann meinetwegen.«

Falls Sie keinen festen Plan für die Unternehmung hatten: Tun Sie trotzdem etwas ohne Nachwuchs. Gehen Sie für eine Stunde spazieren, trinken Sie ein Tässchen Cappuccino ganz für sich als Paar oder allein im nächsten Café. Auf jeden Fall müssen Sie jetzt die Bereitschaft signalisieren, Ihre Kinder loszulassen.

Situation Zwei: Familienbesuche als Pflichtprogramm

Erwachsenengeburtstage sind den meisten Kindern ein Graus, es sei denn, es kommen gleichaltrige Spielgefährten mit zum Besuch. Sie fügen sich stillschweigend dem Pflichtprogramm. Wie lange Kinder sich dieser Pflicht unterziehen, ist je nach Entwicklungsstand stark unterschiedlich.

Bereiten Sie sich auf die Frage vor »Muss ich da (schon wieder) mitkommen?« Machen Sie aus der Pflicht keinen Zwang. Ermuntern Sie Ihre Kinder, telefonisch zu gratulieren oder sich zu entschuldigen. Versuchen Sie beim Gastgeber nicht, Entschuldigungen zu erfinden. Die meisten Menschen haben Verständnis für »Weißt ja, die Pubertät halt.«

Situation Drei: Unternehmungen mit Gleichaltrigen

In der Kindheit bilden sich schon im Kindergarten feste Freundschaften unter Gleichaltrigen. Im Jugendalter findet hier manchmal nur ein geringer, viel häufiger aber ein starker Umbruch statt. Ihre Kinder möchten mit Ihnen weniger unternehmen, sind aber ganz wild auf Treffen mit Freunden im gleichen Alter.

Falls Sie die Freunde und deren Eltern kennen: Sprechen Sie mit Ihrem Kind Regeln für die Unternehmung ab. Wer ist noch dabei, wohin geht es, wann ist späteste Rückkehr. Eventuell können Sie sich telefonisch mit den anderen Eltern besprechen, um die W-Vorschriften abzustimmen.

Falls Ihnen Kinder und Eltern unbekannt sind: Sprechen Sie Ihr Misstrauen klar aus. Bieten Sie zunächst eine Unternehmung gemeinsam mit der neuen, fremden Familie als »Schnuppertreffen auf neutralem Boden« an. Informativ zu Charakter und Erziehungsstand kann auch die Einladung der neuen Freunde in die eigenen vier Wände sein. Lassen Sie sich auf ein Drängen »Das geht nicht, wir wollen gleich heute ...« nicht ein.

Bei allen Situationen gilt:

Lassen Sie die Zügel Ihrer Kinder nur so locker, wie es diese verlangen. Bieten Sie weiterhin die Familie als festen Punkt in allen Lebenslagen an. So können diese ohne Druck selbst entscheiden, wie weit sie sich von der Kindheit weg in die Jugend bewegen möchten.

Problem Zwei: Alte Schutzwände mit Kindern in der Pubertät neu definieren

Klar sind Kinder frech, vor allem, wenn sie sich ertappt fühlen oder ihren kindlichen Willen durchsetzen möchten. Klar reagieren Sie als Eltern darauf mit Konsequenzen und Ermahnungen. Plötzlich jedoch verändert sich die Art des Trotzes deutlich. Die Grenze vom Frechsein zum bösen Streit verschiebt sich oder bricht ganz.

»Du hast mir das nicht zu sagen!« oder »Schau dich doch selbst an!« sind harmlose Beispiele für solche Brüche. Türen knallen, die Stimme wird laut, Tränen fließen beim kleinsten Anlass. Jeder andere Mensch scheint plötzlich mehr Autorität zu besitzen als die eigenen Eltern.

Wie sind Ihre Schutzwände in Ihrer Jugend gebrochen? Bestimmt hat sich das Vertrauensverhältnis zu Mutter und Vater mehrmals verschoben. Auch bei Ihren Kindern hängt das vorsichtige Heraustasten aus der Schutzzone stark vom gegenseitigen Vertrauen ab. Vielleicht erfahren Sie jetzt oft von anderen Eltern, was in Ihren Kindern so vorgeht. Dieser Rückzug zu anderen Vertrauensorten tut weh, ist aber völlig normal während der Pubertät.

Lösungsideen

Kinder und Jugendliche sind hervorragende Jongleure mit den Gefühlen Erwachsener. Sie spielen ihre Eltern gegeneinander aus, falls es hier schon vorher wenig Zusammenhalt gab. Raufen Sie sich als Erwachsene also zusammen, wenn Sie hier keinen endgültigen Bruch der Familie riskieren möchten.

Reagieren Sie nicht als altes Kind mit Trotz auf Ablehnung. Es tut weh, böse Worte von den eigenen Kindern zu hören. Lassen Sie jetzt erst einmal für ein paar Minuten die Luft aus der Situation, ziehen Sie sich in ein anderes Zimmer zurück oder gehen ein Stück spazieren. Manchmal werden aus den gefürchteten »fünf Minuten« Stunden. Akzeptieren Sie das und verlieren Sie die nötige, versöhnende Aussprache nicht aus den Augen.

Bieten Sie sich als Vertrauensperson ohne Forderung an. »Du weißt ja, wo du mich findest«, ist ein Versöhnungsangebot ohne Druck. Alle Emotionen geschehen jetzt schneller, als es vernünftige Gedanken erlauben. Mit Ihrer Aussage geben Sie dem wilden Pony Pubertät die Aussicht auf einen Ruhepunkt.

Gehen Sie auf Türen knallen und Schreien nicht sofort ein. Wenn eine solche Problemsituation entsteht, sind bei Pubertierenden gerade alle emotionalen Sicherungen buchstäblich rausgeflogen. Klar dürfen Sie solches Verhalten energisch verbieten. Bitten Sie beim nächsten, ruhigeren Gespräch darum, dass Ihr Kind »doch wenigstens in der Lautstärke deutlich vom Gas geht.«

Äffen Sie eine Streitsituation humorvoll nach, sobald sich der Staub gelegt hat. Sobald der Gefühlssturm Ihrer Kinder weg ist, dürfen Sie gerne trotzig durch die Küche laufen, über das Fernsehprogramm maulen oder sagen »Hab' gerade keinen Bock«, wenn Ihr Kind Sie um etwas bittet. Wenn Sie beide in herzliches Lachen ausbrechen, haben Sie den Bann aus Trotz und emotionalen Machtspielchen gebrochen.

Horchen Sie in sich hinein, falls Sie sich vom Verhalten Ihrer Kinder ertappt fühlen. Viele kleine Dinge in Ihrem Verhalten und Ihren Empfindungen können Sie jetzt nicht mehr vor den jungen, inneren Augen verbergen. Vor allem bei Verboten kommt oft das Aber in Form von »Ach, und du hast nicht …?« Besser als eine spontane und vielleicht unaufrichtige Antwort sind ein Schweigen und ein Schulterzucken.

Praxisbeispiele

Situation Eins: Rangliste im Familienvertrauen

Gewiss haben Sie das auch ausprobiert, wahrscheinlich schon ab Beginn Ihrer eigenen Pubertät. Jetzt sind Sie selbst Eltern und verstehen vielleicht nicht, wieso Ihr Kind den jeweils anderen Erziehungspartner etwa so anspricht: »Kann ich dich mal unter vier Augen sprechen?«

Hinterfragen Sie diese Bitte nicht in diesem Augenblick. Fragen Sie am besten auch hinterher nicht bei Ihrem Partner nach. Wenn Sie bisher ein stabiles Familienvertrauen hatten, bricht es nicht durch die Veränderung. Ganz im Gegenteil. Wenn Sie geduldig bleiben und als Erwachsene einander vertrauen, kommt Ihr Kind irgendwann von selbst: »Übrigens, was ich Papa/Mama schon gesagt habe …«

Versuchen Sie nicht, diese von Ihren Kindern aufgestellte Rangliste erzieherisch zu verändern. Machen Sie besser klar, wer von den Erwachsenen welche Erziehungskompetenzen neu oder weiterhin übernimmt. Einigkeit der Eltern bewirkt mehr als das ständige Hin- und Herreißen in der Einbeziehung durch die Jugendlichen.

Situation Zwei: Ihr Kind kontert auf einen Vorwurf verletzend.

Die Sprache Jugendlicher ist bei Vorwürfen besonders scharf. »Aber du hast ja gewiss auch ...« oder »Ach, und du nicht?« Mit Vorwürfen versuchen Jugendliche, eigenes Fehlverhalten von sich wegzuleiten. Falls Sie in den Vorwürfen tatsächlich eigene Fehler wiedererkennen, wäre eine trotzige Gegenrede nicht zielführend.

Schlimmste Sätze sind solche wie »Ja, aber ich habe auch ...« oder »Bei mir war das was anderes.« Hören Sie da nicht Ihre eigenen Eltern ein bisschen im Hinterkopf? Lassen Sie solche Vorwürfe im Trotz nicht auf sich sitzen. Aber entschärfen Sie diese nicht sofort. Bedenken Sie immer: Vor Ihnen steht/sitzt gerade ein emotional geladenes Pulverfass.

Nein, Sie sollen die nicht widerspruchslos schlucken. Gerne können Sie auf die Behauptung später eingehen. Situationen, auf die Sie jetzt schmunzelnd zurückblicken, waren damals für Ihre Eltern vielleicht (eher: bestimmt) ebenfalls schwer einzuordnen.

Situation Drei: Sie erkennen sich in einem jugendlichen Wutausbruch selbst wieder.

»Genau so habe ich auch reagiert, als ich so alt war wie du.« sagt aus, dass Sie die Vorwürfe nicht komplett zurückweisen. Je nach Entwicklungsstand Ihres Kindes können Sie gerne ein »Aber« hinterher schieben. Erinnern Sie sich an Ihren eigenen Jugendtrotz und die Reaktion Ihrer Eltern.

Versuchen Sie, die damalige Lösung auch jetzt Ihrem Kind vorzuschlagen. Falls der Trotz bei Ihrem Kind Tränenausbrüche verursacht, schlichten Sie mit eigenen Rückblicken. Es ist keine Schande, Jugendsünden zuzugeben. Aber machen Sie gleichzeitig klar, dass Sie nicht stolz darauf sind.

Gehen Sie gerne an individuellen Beispielen darauf ein: »Wenn ich könnte, würde ich das jetzt [so oder so] besser machen. Dadurch fühlen sich Ihre Kinder verstanden und ernst genommen. Sie wirken gleich weniger autoritär, wenngleich nicht auf kindlich/jugendlicher Erziehungsstufe.

Bei allen Situationen gilt:

Erwachsenwerden ist ein Prozess, der manche Wände zum Einsturz bringt. Versuchen Sie nicht, jede Lösungsidee sofort umzusetzen. Mit dem Ratgeber können Sie aber jederzeit neu auf das Verhalten Ihrer Jugendlichen reagieren. Bleiben Sie innerlich jung, ohne sich als »altes Kind« zu verstellen. Lassen Sie die Kluft der Erfahrung zwischen sich und den Kindern. Sie brauchen den Prozess, um zu reifen.

Problem Drei: Neue Orientierung in der Welt der Erwachsenen

Bis jetzt war die Orientierung in der Welt der Erwachsenen einfach. Anpassen und rebellieren haben einander abgewechselt. Unterordnung war stets eine einfache Lösung im Sinne aller Familienmitglieder. Es hat nicht gezählt, ob Ihre Kinder mit dieser Unterordnung einverstanden waren.

Jetzt sieht alles anders aus. Regeln bleiben gleich, ebenfalls der ungefähre familiäre und schulische Tagesablauf. Lehrer nehmen Schüler stärker für verantwortungsvolle Projekte in Anspruch. Je nach persönlicher Veranlagung sind Kinder begeisterungsfähig bis zur Euphorie, hungrig nach neuen Erfahrungen.

Die gleiche Leidenschaft passiert auch zu Hause. Eltern hören sich stundenlang das Neueste vom Schulprojekt an. Dabei sind Mitschüler doof, Lehrer verständnislos und die Jugendlichen die glorreichen Entdecker, die alles zum Besseren wenden. Tja, und die Übertragung von

Verantwortung fordern Ihre Kinder jetzt von Ihnen so ein, wie sie diese von den Lehrern übertragen bekommen.

Lösungsideen

Testen Sie aus, wie viel Verantwortung Sie Ihren Kindern übertragen können. Manche Kinder sind bereits mit zehn Jahren schon sehr reif. Die können Sie gerne mit ein paar Euro zu regelmäßigen Einkäufen schicken. Übertragen Sie Hausarbeiten ohne anschließende Kontrolle. Wenn etwas nicht perfekt ist – na und? Das entwickelt sich, wenn Sie selbst weiterhin mitmachen.

Versuchen Sie nicht, die Euphorie über schulische Projekte zu dämpfen. Zeigen Sie Interesse durch regelmäßiges Nachfragen. Machen Sie Vorschläge zum Projektfortschritt. Ermutigen Sie Ihr Kind, weiterhin mit Feuer und Flamme dabei zu sein. Das kann sogar das Pubertätsproblem der gesamten schulischen Leistungen positiv beeinflussen.

Erinnern Sie sich an Ihre eigenen Entwicklungssprünge, als Sie verantwortlicher erzogen wurden. Bestimmt haben Sie über manche neue Aufgabe innerlich oder lauthals gemault, geknurrt oder sich darüber beschwert. Gemacht haben Sie es ja doch. Manches wurde sogar zur angenehmen Gewohnheit. Falls nicht, wiederholen Sie nicht die ständigen Moralpredigten Ihrer eigenen Eltern. Die bewirken höchstens, dass Jugendliche Verantwortlichkeit überhaupt nicht übernehmen mögen.

Sprechen Sie mit anderen Eltern von Klassenkameraden über das Thema. Diese Orientierung im Vergleich zeigt Ihnen gewiss, dass Ihre Sprösslinge sich gar nicht so schlecht anstellen. Holen Sie sich Anregung für Veränderungen in Ihrer eigenen Familie. Und vergessen Sie nicht Lob für kleine Fortschritte.

Machen Sie Enttäuschung über anfängliche Fehler nicht zur Erziehungsmethode. Viel motivierender in der pubertären Trotzphase ist Ermunterung. Schließlich waren Sie in Ihrer eigenen Pubertät gewiss auch eher zerstreut als strukturiert. Klar müssen Fehler besprochen werden. Geben Sie Tipps für eine einmalige oder schlaue Dauerlösung. Damit geben Sie ohne Druck Ihren Kindern alltägliche Entwicklungshilfe. Motivation weckt den Ehrgeiz, sich in der neuen Rolle zwischen Kind und Erwachsener zu beweisen.

Bleiben Sie gelassen, wenn Ihre Pubertierenden plötzlich wieder in kindliche Sorglosigkeit zurückfallen. Ja, einfach einmal sein lassen ist die beste Strategie an vermeintlich faulen, ignoranten Tagen. Pubertät ist ein Willkommen und gleichzeitig ein Abschied. In diesem Gefühlschaos müssen sich Ihre Kinder erst einmal zurechtfinden.

Praxisbeispiele

Situation Eins: Sie haben mit Ihrem Kind das Umräumen des Kinderzimmers zum Jugendzimmer vereinbart.

Beinahe wehmütig sitzt Ihr Sohn vor seiner Legokiste oder spielt plötzlich wieder mit der Carrera-Bahn, die längst verstaubt in der Ecke stand. Ihre Tochter kämmt plötzlich der kleinen Barbie die Haare oder sortiert die Plüschtiere in der Chilllounge des Kinderzimmers. Das muss auf Sie als Erwachsene seltsam wirken. Es ist aber normal. Denn im pubertären Trotzkopf steckt weiterhin das gut behütete, sorglose Kind. Das bleibt noch lange so, trotz Disco, Familienstreit und erster Liebe.

Ziehen Sie sich in solchen Situationen zurück. Solche Anflüge von Wehmut vergehen unterschiedlich schnell. Sprechen Sie bei gemeinsamen Zeiten nicht darüber. Falls aber Ihre Kinder von selbst reden möchten, hören Sie gut hin. Oft ist dieses vermeintliche Rückfall-Verhalten eine Art Krücke, hinter der eine ernsthafte, erwachsene Sorge steckt.

Suchen Sie keine Alternativen zum Ersatzspiel. Viel besser akzeptieren

Sie diese Momente. Laden Sie sich selbst zu einer Beschau der Puppen- und Plüschtierecke ein. Spielen Sie mit bei den nächsten Carrera-Runden. Kurzum: Zeigen Sie, dass Sie selbst noch Kind genug sind, um das Zerrissensein zwischen Neuorientierung und Nostalgie zu verstehen.

Situation Zwei: Ihr Kind bekommt neue Haushaltspflichten.

Jugendliche haben noch nicht den Blick dafür, welche Verantwortung Sie als Eltern täglich übernehmen. Klar gehören je nach Erziehungsmodell das Herausbringen der Müllbeutel, das Hereinbringen der Post oder das Einräumen des Geschirrspülers zu Kinderaufgaben oft schon vor der Pubertät. Im Jugendalter bedeutet mehr Verantwortung auch mehr Freiheit. Viel Freiheit kann aber auch dazu verführen, nur diese Seite des Erwachsenwerdens zu genießen.

Es ist schön, wenn Ihr Kind Sie um Rat und Hilfe bei den Hausaufgaben bittet. Doch ab jetzt sind die Jugendlichen für Bleistift & Co., vollständige Einträge im Hausaufgabenheft und deren Abarbeiten selbst zuständig.

Diese Umstellung von »Mama/Papa macht das ja noch« zu »Warum hast du mir das denn nicht gesagt« ist für Sie beide gewiss anfangs schmerzlich. Ihr Kind muss lernen, mit Ihrem gut organisierten Elternkopf zu denken. Sie müssen lernen, auf den Erfolg dieser Umstellung zu vertrauen.

Und wenn Sie einen strikten Verantwortungsverweigerer erziehen? Dann hilft nur, auf die Konsequenzen zu warten. Gewiss gibt es Einträge ins Hausaufgabenheft, versemmelte Abgaben mit entsprechend schlechten Noten oder gar eine Predigt der Klassenlehrer beim nächsten Elternabend. Verzichten Sie unbedingt darauf, heimlich nachzusehen.

Situation Drei: Ihr Kind diskutiert gerade verbissen um seine eigene Meinung.

Wie stark ein Mensch eine eigene Meinung vertritt, hängt von der bisherigen Erziehung daheim sowie den Einflüssen in der Schule und im kulturellen Jugend-Umfeld ab. Schüchterne Jugendliche werden erst allmählich mutig genug, ihre eigene Meinung kundzutun. Selbstbewusste Charaktere machen nicht selten in der Pubertät ihre Meinung zum Gesetz. Sie fühlen sich plötzlich so weise, so allwissend, so überzeugt! Manchmal ist das vielleicht prima und richtig. Oft kann dies zu Diskussionen führen, die kein Ende finden.

Vielleicht hören Sie gerade eine Meinung, die all Ihren eigenen Lebensansichten widerstrebt. Es lohnt sich, in einem solchen Augenblick sofort einen Austausch zum Thema anzubieten. Auch, wenn Sie gerade weder Zeit noch Nerven haben: Sprechen Sie deutlich aus: »Bitte lass uns das in Ruhe besprechen, ich habe dazu auch eine eigene Meinung.«

Ist endlich Zeit für das angekündigte Gespräch, sagen Sie nicht beim ersten Satz, »Aber da liegst du falsch.« Fragen Sie vielmehr nach »Warum glaubst du das?« oder »Was überzeugt dich so fest davon?« Meist erkennen Sie und Ihr Kind bereits jetzt, dass die vermeintlich eigene Meinung eher eine Sammlung von Hörensagen ist. Daran ist nichts verwerflich, solange Ihr Kind den Unterschied begreift. Solche Meinungsgespräche helfen dabei, dass es auch später im Leben nicht fraglos dem Herdentrieb folgt, sondern Hörensagen gründlich hinterfragt.

Bei allen Situationen gilt:

Sie sind über viele Jahre in die Rolle der Erziehenden hineingewachsen. Vielleicht haben Sie gänzlich vergessen, wie Sie selbst Ihre Kindheit erlebt haben. Jetzt haben Sie die Chance für einen wohligen Rückblick aus Abstand. Bestimmt haben Sie in Ihrer Jugend nicht sofort und tadellos jede Verantwortung angenommen. Warum also sollen jetzt Ihre

Kinder über Nacht neu funktionieren? Und warum sollen sie nicht eine eigene Meinung vertreten, selbst, wenn sie diese nur dafür halten?

Es ist an Ihnen, nicht mit aller Strenge gegen alles zu sein, was jetzt bei Ihren Kindern neu ist. Das heißt nicht, dass Sie Schlamperei in der Schule über einen längeren Zeitraum dulden sollen. Es bedeutet auch nicht, jede neue Meinung fraglos zu akzeptieren. Aber bitte entspannen Sie sich. Solche Phasen gehen vorüber, wenn Sie nur ihrerseits Faden für Faden der Kontrolle loslassen. Die schönste Pubertät endet damit, dass Sie für Ihre Kinder auch im Erwachsenenalter ein Rettungsseil bereithalten und so immer vertrauter Teil in deren späterem, eigenständigem Leben bleiben.

Problem Vier: Abschied vom Teddybär als Prozess des Abnabelns

Zunächst scheint alles wie immer. Bestimmte Spielzeuge und Rituale werden bevorzugt. An die Kuscheltiere dürfen Sie schon gar nicht gehen. Nur die Art und Weise des Umgangs mit den geliebten Gewohnheiten verändert sich Tag für Tag. Weil Ihre Kinder die Veränderung überhaupt noch nicht verstehen, kann das zu heftigen Konflikten führen.

Ein häufiges und kostenintensives Thema dieses vierten Problems sind Kleidung und Einrichtung. Bis jetzt haben Sie die Kleidung gekauft. Je nach Erziehungsmodell durften die Kinder mitreden oder trugen Dinge Ihres elterlichen Geschmacks. Jetzt hören Sie immer öfter schon bei einem Vorschlag: »Meine Güte, ich muss damit jeden Tag rumlaufen!« Gleichzeitig streitet sich Ihr Kind vielleicht um ein T-Shirt mit Teddydruck, das eigentlich schon in den Kleidersack gehört. Aber es ist nun einmal das Lieblingsstück.

Mein Vorschlag: Lassen Sie einfach machen. Selbst, wenn Ihr Kind nicht wächst, wird es durch die allmähliche Veränderung der Vorlieben irgendwann das T-Shirt doch in die Kinderecke legen.

Bei der Einrichtung gibt das Wachstum oft die nötigen

Veränderungen vor. Das Kinderbett wird zu kurz, der Schreibtisch zu eng, der Schüler-Drehstuhl zu mickrig. Und überhaupt passen Pilz- und Blumendrucke am Vorhang nicht mehr zu den neuen Vorlieben. Andererseits darf das Feen-Plakat keinesfalls von der Wand verschwinden. Bitte verkneifen Sie sich in solchen Situationen den Kommentar »Dafür bist du doch jetzt zu groß.«

Lassen Sie Ihre Kinder bei diesem Aspekt selbst entscheiden, wann der Abschied nicht mehr über die Schmerzgrenze wehtut. Bestenfalls geschieht der Übergang mit Ihrer geduldigen Nachsicht ganz still und leise.

Lösungsideen

Erstellen Sie eine Liste mit aus Ihrer Sicht nötigen Veränderungen im Kinderzimmer und Kleiderschrank. Machen Sie sich bewusst, dass diese Liste möglicherweise für ein paar Monate oder sogar noch für ein, zwei Jahre in der Schublade landet. Sprechen Sie mit Ihrem Kind darüber. Bieten Sie an, Punkte hinzuzufügen. Tauchen Fragen auf, markieren Sie angezweifelte Plan-Punkte. Nehmen Sie auf keinen Fall eine der Veränderungen sofort vor. Vorläufig sind das nur Ideen, die den Wandlungsprozess im passenden Moment begleiten sollen.

Räumen Sie keinesfalls während der Abwesenheit Ihrer Kinder im Kinderzimmer um. Die wilde Räuberhöhle aus der Kindheit bleibt leider noch für eine Weile der Lieblingsdschungel für Jugendliche. Es juckt förmlich in den Fingern, da mal richtig durchzustöbern. Verkneifen Sie es sich. Es würde einen erheblichen Vertrauensbruch darstellen. Gerne dürfen Sie das Chaos immer wieder ansprechen. Bestenfalls gehört Zimmer aufräumen mindestens für die Wochenenden zu den Pflichten, die Ihr Kind bereits vor der Pubertät erfüllt.

Seien Sie darauf gefasst, dass die Erkenntnis nötiger Veränderungen mitten im Spiel kommen kann. Vergessen Sie erst einmal die oben erstellte Liste. Die ist übermorgen noch genauso da wie heute. Lassen Sie Ihrem Kind Zeit für die Selbsterkenntnis. Erinnern Sie sich noch daran, wann genau und in welchem Tempo Sie für Veränderungen bereit waren? Wann haben Sie festgestellt, dass es bessere Betten als die bis zur Knöchelkante gibt? Wann ist Ihnen aufgefallen, dass der Kinder-Schreibtisch Ihre Oberschenkel stößt? Beruhigend für Ihre Sorgen um die Pubertät ist erst einmal einzig der Fakt, dass Sie mit einer Liste auf allerhand Überraschungen gefasst sind.

Orientieren Sie sich hinsichtlich der Veränderungen nicht an anderen Familien. »Stell dir vor, da hat doch mein Sohn plötzlich ...« oder »Also, meine Tochter will das (und anderes) nicht mehr.« Ihr Kind ist nicht zurückgeblieben, wenn es auf seinen kindlichen Vorlieben besteht. Sie als Eltern sind nicht gleichgültig, wenn Sie das so akzeptieren. Vor allem lassen Sie die vielen, ach so gut gemeinten Ratschläge besser an sich abperlen. Pubertät ist kein Wettstreit. Machen Sie bitte keinen daraus, selbst wenn Ihr komplettes Umfeld sich diesem Massenzwang unterzieht.

Ihr Kind ist einzigartig. Die schlimmsten Sätze, die Sie nach solchen Unterhaltungen mit heimbringen könnten, sind »Das wäre doch bei dir auch mal Zeit« oder »Wärst du doch ein bisschen wie XY.« Vor allem zu Beginn der Pubertät verlieren Kinder einen Teil ihrer Unbefangenheit. Sie sehen sich selbst im Vergleich mit anderen. Das ist genug Druck. Durch Ihre vergleichenden Kommentare würden Sie den nur verstärken. Lachen Sie lieber darüber, wenn andere Eltern ähnliche Dinge sagen. Ihr Kind hat sein eigenes Entwicklungstempo. Das reicht für das Mitkommen in der Schule und einen angenehmen Umgang in der Familie vollkommen aus.

Gönnen Sie sich selbst ein bisschen Kind. Während der Pubertät möchten Kinder sich deutlich von ihren Eltern abgrenzen. Oft ist diese Grenze durch das besonders erwachsene Verhalten der Eltern bereits gezogen. Wie wäre es umgekehrt? Bei der Frage nach Ferienzielen darf gerne der Wunsch nach Freizeitparks oder durchweg kindlichen Unternehmungen umgesetzt werden. Entspannen Sie sich, statt gleich die Ferienumgebung nach Aktivitäten für Erwachsene zu scannen. Ein Tag oder eine Woche zurück in die Jugend und Kindheit tut Ihnen gewiss gut gegen den Alltagsstress.

Praxisbeispiele

Situation Eins: Sie möchten Ihr Kind neu einkleiden.

Die Schuhe passen noch, sind aber kaputt. Die T-Shirts sind noch weit, plötzlich aber zu kurz. Während der Kindheit haben Sie ohne Rücksprache darauf reagiert und alles Nötige eingekauft. Jetzt ist es Zeit, Ihren Kindern in der Kleiderfrage mehr Eigenständigkeit zuzumuten. Gehen Sie mit in den Laden, zunächst zur besseren Orientierung. Kinder scannen Kleiderläden vorläufig nach Aussehen statt nach praktischem Nutzen. Sobald Ihr Kind seinen Unmut über Ihre Vorschläge ausspricht, ziehen Sie sich am besten zurück.

Sie dürfen die geplanten Kleiderkäufe durch Ihr Kind ruhig selbst aussuchen lassen. Einen akzeptablen Preis legen Sie am besten schon vor dem Einkauf fest. Denn meist gefallen in der Jugend die teuersten Klamotten am besten. Legen Sie auch fest, welche und wie viele Kleidungsstücke gekauft werden sollen. Dabei zählt nicht allein der praktische Beweggrund. Wichtig ist auch der Fakt, dass das teils kräftige Wachstum in der Pubertät Großausgaben für Kleiderberge unnötig macht.

Bleiben Sie vorläufig beratend in der Nähe. Kommentare zur Kleidung wie »Das ist aber ein krasser Aufdruck« oder »Findest du das nicht zu kitschig?« verkneifen Sie sich besser. Zu eng ausgesuchte Stücke dürfen Sie gerne ablehnen. Erlauben Sie Ihrem Kind ab jetzt seine eigenen Erfahrungen. Schließlich gehen nicht Sie mit diesen Sachen zur Schule oder zum Jugendtreff.

Situation Zwei: Es ist Zeit für eine neue Einrichtung im Kinderzimmer.

Viele Kinder freuen sich recht bald darauf, endlich im Jugendbett zu schlafen. Andere quetschen sich mit Begeisterung weiterhin auf ihrem Kinderbett zusammen. Weisen Sie auf die gesundheitlichen Nachteile hin, ohne jedoch den sofortigen Bettentausch durchzusetzen. Bieten Sie eine Probestunde auf Ihrem Ehebett oder einem Schlafsofa in Erwachsenengröße an. Lassen Sie Ihr Kind selbst herausfinden, wann Bequemlichkeit wichtiger als wohliges Verharren in der Kindheit ist.

Beim Schreibtischstuhl für die Hausaufgaben sind Kompromisse ab einer bestimmten Veränderung indiskutabel. In den höheren Klassen werden die Hausaufgaben umfangreicher, die Sitzzeit am Schreibtisch also automatisch länger. Ein krummer Rücken und ständig straff angewinkelte Beine schaden während des Wachstums der körperlichen Gesundheit. In diesem Punkt überzeugen Sie Ihre Kinder gerne mit diesen Argumenten. Klar winken die zunächst ab. Spätestens nach einem Probesitzen in einer jetzt angemessenen Größe werden sie diesen Punkt der Veränderung akzeptieren.

Der Schreibtisch der Kindheit ist so lange o.k., bis ein gerades Sitzen bei den Schularbeiten nicht mehr möglich ist. Vielleicht haben Sie ein höhenverstellbares Modell. Das darf gerne bis zur höchsten Stufe ausgereizt werden. Falls Ihr Kind allerdings auf einem Schreibtisch mit mehr Funktionen besteht, ist es Zeit für den Wechsel. Auch diese Situation müssen Sie weder erzwingen noch hinauszögern. Reagieren Sie im Tempo Ihres Kindes darauf.

Situation Drei: Ihr Kind will überhaupt nicht rausgehen.

Teil der täglichen Routine zwischen Schule und Familie sind Hobbys. Die Beschäftigung damit begeistert Kinder täglich neu. Doch auf einmal stellen Sie fest, dass der Bewegungsdrang Ihres Kindes nachlässt. Bislang geliebte TV-Serien werden weggeschaltet. Auch der Freundeskreis verändert sich. Plötzlich hören Sie auf Ihre Frage »Was machst du so?« den Spruch »Mir ist langweilig.« Reagieren Sie darauf mit Anregung.

Bieten Sie gegen die Langeweile gemeinsame Aktivitäten an, etwa eine Runde mit dem Fahrrad oder Geocaching statt Games vor dem PC. Erinnern Sie sich daran, was Sie selbst in Ihrer Jugend begeistert hat. Klar besteht dabei das Risiko, dass Sie eine Antwort bekommen wie »Ach Mama/Papa, das macht doch heute kein Mensch mehr.« Möglicherweise nimmt Ihr Kind aber das Angebot für eine neue Erfahrung dankbar an. Dieses Risiko ist einen Versuch wert, finden Sie nicht?

Vorschläge für Freizeitaktivitäten können bei Jugendlichen sehr unterschiedlich ausfallen. In dieser Situation der Veränderung können sie für Eltern durchaus anstrengend sein. Geben Sie sich einen Ruck, falls Ihr Kind plötzlich die Leidenschaft für Lasertag oder ähnliche Freizeitaktivitäten entdeckt. Probieren Sie Neues aus, das Ihnen vielleicht noch gar nicht in den Sinn gekommen ist. Das muss Ihnen ja nicht gefallen. Probieren Sie es trotzdem aus. Sprechen Sie darüber, falls Sie es als elternuntauglich einstufen. Und laden Sie immer und immer wieder dazu ein, neue Erlebnis-Erfahrungen an Ihrer Seite oder eigenständig zu machen.

Bei allen Situationen gilt:

Jugendliche passen nicht in ein Schema. Ein solches wächst auch nicht automatisch mit. Bleiben Sie fest bei Ihren Wertvorstellungen von einem ordentlichen Leben. Aber erzwingen Sie die mentale Reife nicht. Betrachten Sie sich als Begleiter, Ratgeber und bestenfalls ständiger Motivator. Und wenn Sie selbst gerade im Motivationstief stecken? Dann sprechen Sie das deutlich aus und bieten je nach Entwicklungsstand Ihres Kindes für jetzt eigenständige Aktivitäten an. Verfallen Sie nicht in Panik, wenn die lieben Kleinen für ein paar Stunden unbeaufsichtigt sind. Noch lange bleiben Sie trotzdem der Fels in der Brandung, zu dem Ihre Kinder im Spagat zwischen Kindheit und Jugend jederzeit zurückkehren.

STRATEGIE 2

Lernen Sie die Sprache Ihres Kindes

Eben noch konnten Sie sich ganz normal mit Ihrem Kind unterhalten. Immer häufiger aber staunen Sie nur noch über Aussprüche, Schimpfwörter und Beschreibungen. Die Sprache wirkt stellenweise verstümmelt, manchmal wie ein Gemenge aller Weltsprachen. Ganze Sätze rutschen in eine Lautfolge, deren Sinn Eltern höchstens ahnen können. Nein, Sie haben keinen Alien großgezogen.

Sprachliche Veränderung ist eine der Auswirkungen des Umfelds auf die menschliche Entwicklung. Klassenkameraden und gleichaltrige Freunde haben ein sehr enges Vertrauensverhältnis, soweit es Unterhaltungen angeht. Wer Jugendsprache nicht spricht, gehört nicht dazu. Aber gerade dieses Zugehörigkeitsgefühl gibt Jugendlichen ein Empfinden von Stabilität.

Außerdem lassen sich in der Jugend-Stummelsprache Dinge und Erlebnisse kurz und höchst emotional beschreiben. Viele dieser Emotionen sind mit denen der Eltern identisch. Doch Ihre Kinder möchten sich jetzt von Ihnen abgrenzen. Das gelingt durch eine Sprache, die Sie nicht verstehen. Hier gebe ich einige Tipps, wie Sie die neueste „Fremdsprache Jugend“ wenigstens teilweise erlernen können.

Problem Eins: Schimpfwörter mit oder ohne Jugendniveau

Ach, wie tut ein kräftiger Fluch in manchen Situationen gut! Das laute Aussprechen des Ärgers mindert Stress und nach wissenschaftlichen Studien sogar das Schmerzempfinden laut einer Studie aus 2009 der University of Keele (Großbritannien). Natürlich würden Sie bei einer Familienfeier oder in der Öffentlichkeit nicht laut fluchen. Umso peinlicher ist es Ihnen, wenn Ihr Kind plötzlich ein Wort herausschreit, das Sie nicht kennen, aber nach Klang und Aussprache als Schimpfwort identifizieren.

Tausendmal haben Sie Ihrem Kind schon erklärt, dass man nicht flucht. Dabei tut das jeder Mensch auf unterschiedliche Weise. Auch Sie, wetten? Nun steht Ihnen eine neue Aufgabe bevor. Sie müssen Ihrem Kind erklären, dass Sie mit dieser Äußerung nicht einverstanden sind. Oder Sie finden einen Mittelweg, der für Sie und Ihr pubertierendes Kind in Ordnung ist.

Dazu müssen Sie einstufen, wem gegenüber, aus welchem Anlass und in welcher Gesamtstimmung geflucht wurde. Beleidigungen gegen Personen sind auch in Jugendsprache inakzeptabel. Gebräuchliche Schimpfwörter bei Missgeschicken sind derb, aber meist nur eine Wut- oder Schmerzreaktion. Irgendwo dazwischen lassen Sie der Sprache ihren Lauf.

Lösungsideen

Flippen Sie nicht gleich aus. Haben Sie in Ihrer Pubertät nie ein wenig lauter und derber geredet, um schwatzende Erwachsene mindestens auf Ihre Anwesenheit aufmerksam zu machen? Genau das bezweckt Fluchen bei Ihren Kindern ebenfalls. Es fühlt sich erwachsen an, erzeugt Aufmerksamkeit und tut nebenbei dem Stresslevel gut.

Hinterfragen Sie, woher Ihr Kind das Schimpfwort kennt. Jugendsprache schafft Zusammenhalt. Aber manche Schimpfwörter kommen gedankenlos in den Allgemeingebrauch Gleichaltriger. Durch Nachfragen erfahren Sie vielleicht, dass »sowas alle ständig sagen.« Dann dürfen Sie gerne darauf hinweisen, dass Ihr Kind nicht »alle« ist und sich den Zusammenhalt mit Gleichaltrigen auch ohne oder mit weniger Schimpfwörtern verschaffen kann. Möglich ist auch eine Antwort wie »Das verstehst du ja doch nicht.« Bohren Sie in diesem Fall vorerst nicht weiter nach.

Beobachten Sie sich selbst beim Benutzen von Schimpfwörtern. Wer behauptet, er würde nie laut fluchen, ist unehrlich mit sich selbst. Fluchen ist nämlich tief in der Menschheitsgeschichte als emotionale Ausdrucksform verankert. Wenn Sie dagegen überzeugt davon sind, dass Sie selbst nie fluchen, sind Sie mit sich selbst unaufrichtig. Mindestens tonlos rutscht Ihnen gewiss das eine oder andere Schimpfwort heraus.

Lassen Sie sich unverständliche Schimpfwörter erklären. Fluchen hat Qualitätsunterschiede. Allgemeine Flüche klingen nicht schön, sind aber harmlos. Spezielle Flüche sind meist gegen eine Situation oder schlimmstenfalls eine Person gerichtet. Hier müssen Sie klare Grenzen setzen. Denn Jugendliche untereinander können sich gegenseitig mit Beleidigungen so weh tun, dass sensible Pubertierende daran seelisch erkranken. Das ist unter keinen Umständen richtig.

Legen Sie ein Ranking für Schimpfwörter fest. Legen Sie bitte nicht jedes Jugendwort auf die Goldwaage. Dort draußen gibt es gewiss Menschen, die sich solche Flüche verbieten. Sie daheim dürfen gerne bestimmen, dass manche derben Schimpfwörter nicht an den Esstisch und in die Wohnung gehören. Alle anderen können Sie mit Ihrem Kind nach Bedeutung, Heftigkeit und Wohl (oder Unwohl-)klang in einem Ranking zuordnen. Das macht sogar Spaß, probieren Sie es gerne demnächst miteinander aus!

Denken Sie sich neue, harmlose Schimpfwörter aus. Wer hat eigentlich Schimpfwörter erfunden? Wer behauptet, welche Flüche Schimpfwörter und welche nur ungeschickter Sprachgebrauch sind? Kinder in der Pubertät haben einen nach allen Seiten offenen Geist. Regen Sie den gerne mit solchen und ähnlichen Fragen an. So wird das Erfinden neuer Schimpfwörter sogar ein Familienspiel mit Spaß für alle.

Praxisbeispiele

Situation Eins: Ihr Kind wirft beim Familientreffen mit Schimpfwörtern um sich.

Sie feiern einen Geburtstag in familiärer Runde. Ihr Kind verhält sich ordentlich, zappelt nicht am Tisch und meckert nicht über das Essen. Mitten in das allgemeine Gemurmel mischt sich ein Fluch wie »Jetzt lass doch mal die Krawallnudel stecken!« oder »Mann, was ein Warmduscher!« Klar schaut Ihr Kind dabei in Richtung der gemeinten Sprecher.

Der Effekt: Augenblicklich ist für Sekunden Stille am Tisch. Sofort kochen verschiedene Stimmungen hoch. Es folgen ein Lächeln, ein Kopfschütteln oder sogar Entrüstung. Ziel erreicht! Denn mit dem Schimpfwort möchte Ihr Kind wahrgenommen werden. Durch positives Verhalten hat es dieses Ziel in der bisherigen Runde nicht erreicht. Der anschließende Meinungsaustausch unter mehr oder weniger verständnisvollen Erwachsenen bringt seine eigenen, bislang unbeachteten Emotionen ins Gespräch.

Klar dürfen Sie beim Schimpfen in familiärer und geselliger Runde den Mund verziehen und mit dem Kopf schütteln. Keinesfalls ist es hilfreich, Ihr Kind vor versammelten Menschen zu tadeln. Das ist eine verletzende Reaktion, die zu sofortigem Trotz und innerem Rückzug führen kann. Gerne können Sie beim Verdauungsspaziergang, auf der Heimfahrt oder anderen günstigen Augenblicken die Reaktion hinterfragen. Gerne dürfen Sie auch darauf hinweisen, dass Sie das nicht in

Ordnung fanden. Damit sollte das Thema für den Augenblick auch erledigt sein.

Situation Zwei: Ihr Kind wird gegen eine Person konkret ausfällig.

Eine Krawallnudel ist eine streitlustige Person. Sie so zu bezeichnen, kann in Einzelsituationen sogar deeskalierend wirken. Schimpfwörter wie Beckenrandschwimmer (Mensch mit übergroßem Risikobewusstsein) oder gar Spasti (nicht zurechnungsfähiger Mensch mit geistiger oder körperlicher Behinderung) sind dagegen böse Beleidigungen. Allein das Aussprechen solcher Wörter ist eine seelische Verletzung, auch für Erwachsene.

Passieren solche Ausrutscher im Streit, wird wahrscheinlich mit gleicher Münze zurückgepöbelt. Wird das konkrete Beschimpfen allerdings zur Alltagswaffe, gehen Sie bitte ebenso konkret dagegen vor. Noch immer befindet sich Ihr Kind während der Pubertät in einer Selbstfindungsphase. Die Orientierung auf Beschimpfungen kann die Entwicklung in eine völlig falsche und für ein ganzes Leben nachteilige Richtung lenken.

Allgemein dürfen Sie gerne aussprechen: »Ich dulde nicht, dass du Menschen beleidigst.« Konkret können Sie sich aktiv gegen die Meinung Ihres Kindes wehren: »Das ist eine bodenlose Frechheit gegenüber XY. Das will ich nie wieder hören, auch nicht unter uns.« Oder Sie entschärfen die Beschimpfung: »Ich bin ja auch kein Fan von XY. Aber schimpfe dann lieber leise oder nur mit mir.« Denn auch und gerade in der Pubertät gilt die Weisheit: Kindermund tut Wahrheit kund. Die muss aber nicht bei Tisch frei herausgebrüllt werden.

Situation Drei: Ihr Kind spricht über Freunde und Eltern mit Dauerbeschimpfung.

Ihr Kind kommt von einer Party heim und berichtet, dass sich einige Gäste abgeschädelt haben. Klingt gefährlich, oder? Die haben sich aber weder geprügelt noch selbst den Schädel eingeschlagen. Vielmehr steht abschädeln für übermäßiges Trinken. So übersetzt erfahren Sie, dass bei der Party Alkohol ausgegeben und von manchen Gästen reichlich konsumiert wurde. Darauf dürfen Sie gerne eingehen und Ihr Kind zur Vorsicht vor Alkohol mahnen. Abschädeln ist kein nachahmenswertes Lebensbeispiel.

Ihr Kind beschreibt einen Lehrer oder Erwachsenen oder Gleichaltrigen als Vollpfosten. Sie haben dafür in Ihrer eigenen Jugend vielleicht den Begriff Gonzo verwendet. Beides beschreibt Menschen, die nichts können, nur Unsinn reden und somit insgesamt nicht besonders schlau und geschickt sind. So etwas gehört zu den persönlichen Beleidigungen. Besser verbitten Sie sich dieses Schimpfwort mit dem Hinweis, dass es weder vor der gemeinten Person noch vor anderen im Gespräch über diejenige Person gesagt werden soll. Denn es ist eine Abwertung, die mit oder ohne Berechtigung Respektlosigkeit vor anderen Menschen ausdrückt.

Sie selbst oder eine andere Person werden als Lauch bezeichnet, eventuell noch mit einem deutlichen Augenrollen und verzogenen Mundwinkeln. Früher nannten Sie Menschen mit einer solchen Beschreibung eher Spießer. Gemeint sind als langweilig empfundene Menschen, die sich bevorzugt in einer engen, wenig abwechslungsreichen Komfortzone bewegen. Ertragen Sie dieses Schimpfwort einfach. Es gehört zu den harmlosen Varianten. Für Jugendliche ist es wichtig, nur eigene Aktivitäten als spannend, alle anderen als langweilig zu empfinden.

Bei allen Situationen gilt:

Auch Sie als Erwachsene lernen nie aus. Gewiss bringt Sie manches Schimpfwort Ihrer Kinder zum Lachen. Vor allem, wenn ein vermeintlich erwachsener Fluch von den Lippen der vermeintlich lieben Kleinen fährt. Doch gehen Sie auf beleidigende, konkrete Beschimpfungen immer schnell und deutlich ein. Sympathie und Antipathie bestimmen das Miteinander ein ganzes Leben lang. Durch rechtzeitiges Einwirken auf den jugendlichen Sprachgebrauch in einem respektvollen Rahmen verhindern Sie späteres, möglicherweise verletzendes Verhalten gegen dritte Personen.

Problem Zwei: Verstümmelte Sprache als Phase in der Pubertät

Schon früh bemühen Sie sich um eine ordentliche sprachliche Entwicklung Ihrer Kinder. Fortschritte erkennen Sie an einer feinen Ausdrucksweise. Sprechfehler tauchen immer zwischendurch auf, vor allem beim Formulieren von Sätzen. Durch den Deutsch- und Fremdsprachenunterricht in der Schule wird die Entwicklung immer besser. Doch plötzlich scheint zwischendurch oder ständig eine normale Sprache vergessen zu sein.

Der Grund für diese stark abgekürzte oder verzerrte Satzbildung ist der Umgang Jugendlicher untereinander. So hektisch wie der Zeitgeist laufen auch Aktivitäten und Begegnungen im Schulalter ab. Zwischen Pausenbrot und Unterrichtsklingel bleibt nicht Zeit für ausschweifende Berichte. Alles soll kurz und knapp ausgetauscht, dabei aber an Emotionalität nicht heruntergespielt werden.

Versuchen Sie gar nicht erst, verstümmelte Jugendsprache zu entstümmeln. Und bitte: Versuchen Sie nicht, ebenso zu sprechen. Es wäre wie ein Spiegel, den Sie Ihrem Kind vorhalten, eine Grenzüberschreitung, die weder gewünscht ist noch geduldet werden muss. Klar spricht nichts dagegen, dass Sie nach ein paar Minuten auch einmal in solchen Jugendsätzen antworten. Dann aber bitte mit einem deutlich erkennbaren Schmunzeln.

Lösungsideen

Akzeptieren Sie verstümmelte Jugendsätze kommentarlos. Die Art der Kurzsprache verändert sich ständig. Sie entspringt dem Einfluss von neuen Klassenkameraden und dem Austausch von Jugendgruppen untereinander. Einen Tipp für bessere Aussprache quittiert Ihr Kind garantiert mit einem »Hach, nur, weil du so cringe (peinlich/oberpeinlich) bist.«

Verwechseln Sie verstümmelte Jugendsprache nicht mit verstümmeltem Sprachverstand. Sie dürfen und sollen gerne weiterhin ganz normal mit Ihrem Kind sprechen. Sie müssen jetzt auch keine Nachhilfestunden in deutscher Grammatik geben. Ihr Kind tickt nicht plötzlich schlechter als vorher. Es verändert sich nur die Kommunikation, hauptsächlich im Kreis Gleichaltriger.

Klären Sie Regeln, wann diese Art der Sprache nicht erlaubt sein soll. Wie sich Jugendliche untereinander unterhalten, gerät manchmal auch in eine Unterhaltung mit deutlich älteren Erwachsenen. Diese sind in vielen Fällen nicht verständnisvoll für das Phänomen der Pubertät. Also ist es besser, sich diesen Personen gegenüber wie ein junger Erwachsener auszudrücken. Das spart Mahngespräche an die Eltern und schräge Blicke an Ihr Kind.

Schreiben Sie sich solche Sätze nicht auf. Selbst Jugendliche merken sich nicht dauerhaft, was gestern in war und morgen neu an Ausdrücken hinzukommt. Jugendsprache ist so flüchtig und veränderlich wie die aktuelle Phase des schnellen, intensiven, wechselhaften Erlebens. Wenn Sie doch Sorge haben, Ihr Kind könnte gerade wie ein Alien reden, fragen Sie gerne nach dem genauen Satzsinn nach. Allein an dem Problem, die eigene Jugendsprache verständlich zu übersetzen, erkennen Sie die

Flüchtigkeit dieser Ausdrucksweise.

Verzichten Sie auf Jugendsprach-Versuche, vor allem bei Treffen mit anderen Jugendlichen. Akzeptieren Sie als Eltern die Welt von Jugendlichen als eine ziemlich abgeschlossene Blase. Es mag schön sein, wenn Sie als Fahr- und Bezahldienst zu Treffen mitkommen. Automatisch werden Sie hin und wieder in die Unterhaltungen einbezogen. Wenn das so bleiben soll, verstümmeln Sie – bitte, bitte – nicht willkürlich Ihre eigenen Sätze. Das ist einer der schlimmsten Stimmungskiller, schlimmer für Ihr Kind, so, als würde plötzlich ein Deutschlehrer oder Polizist beim Treffen auftauchen.

Bleiben Sie cool. Feiern Sie die sprachliche Veränderung. Das Verstümmeln von Sätzen verändert sich sowieso spätestens beim Vorstellungsgespräch im Lehrbetrieb. Meistens vermeiden es Jugendliche ohnehin, vor Erwachsenen in ihrer eigenen Ausdrucksweise zu reden. Vertrauen Sie darauf, dass Jugendkontakte nur ein Teil des Umfelds sind, die Ihr Kind prägen.

Praxisbeispiele

Situation Eins: Ihr Kind spricht zu Hause nur noch in Halbsätzen.

Aus der früheren Kindheit sind Sie es gewohnt, falsch ausgesprochene Sätze sofort zu korrigieren. Das war wichtig für die Sprachentwicklung. Jetzt müssen Sie für sich selbst auch etwas Neues lernen: Zurückhaltung. Oft merken es die Jugendlichen gar nicht, wenn sie in ihre verstümmelte Jugendsprache abdriften. Natürlich dürfen Sie sich als erwachsene Person nach einer Weile dieser Ausdrucksweise freundlich in Erinnerung bringen, zum Beispiel mit einem Hinweis wie »Geht das auch in ganzen Sätzen?«

Falls Sie die verstümmelte Sprache nervt, müssen Sie sich jetzt nicht während der kompletten Pubertät die Ohren zuhalten. Sie dürfen durchaus verlangen, dass daheim ordentlich gesprochen wird. Klar ist verstümmelte Sprache im Unter-vier-Augen-Gespräch erlaubt. Sie lernen gewiss rasch die Bedeutung solcher Halbsätze zu verstehen. Für Unterhaltungen im größeren Familien- oder Freundeskreis können Sie sich eventuell mit anderen Eltern austauschen. Sind die spießig, können Sie Ihr Kind um Rücksicht bitten.

Wenn Sie einen solchen verstümmelten Satz nicht richtig einordnen können, fragen Sie gerne nach. Aber nicht korrigierend, sondern eher mit einer Nachfrage wie »Kannst du das für Eltern bitte übersetzen?« Vielleicht ist Ihrem Kind die Jugendsprache gerade gar nicht bewusst. Mit der versuchten oder gelungenen Übersetzung haben Eltern und Kinder garantiert jede Menge Vergnügen, wetten?

Situation Zwei: Sie sind bei einer Begegnung Jugendlicher dabei.

Nein, die sind nicht alle dumm oder ignorant. Die unterhalten sich auch nicht absichtlich so abstrakt. Möglicherweise reden die gerade noch völlig normal. Plötzlich kommen Sie als erwachsener Mensch in die hörbare Nähe. Sofort scheint bei allen in der Gruppe ein Schalter umgelegt zu sein. Aus Normaldeutsch wird Aliendeutsch, aus vernünftiger Diskussion ein scheinbar sinnfreies Gerede.

Jugendliche wissen um die heftige Diskussion um Jugendsprache. Sie schmunzeln darüber und reagieren mit Trotz auf die Ablehnung mancher Eltern. Intimität, Abgrenzung und Identifizierung sind Säulen der Pubertät. Tatsächlich identifizieren sich Jugendliche als dazugehörig, indem sie verstümmelte Sprache schon aus Prinzip übernehmen. In der Gegenwart von Erwachsenen grenzen sich die Jugendlichen sprachlich sofort davon ab. Sie möchten jetzt nicht verstanden werden, sondern im Gegenteil unter sich bleiben.

Jeder Versuch der Nachahmung ist auch in einer solchen Situation ein Stimmungskiller. Bleiben Sie Sie selbst. Akzeptieren Sie im Gespräch den sprachlichen Unterschied zwischen Erwachsenen- und Jugendsprache. Bitte versuchen Sie keine Erklärung wie »Also, in meiner Jugend hieß das so ...« Damit wecken Sie höchstens Walatmung bei den Jugendlichen (heftiges Ausatmen, Lippenblasen usw.). Außerdem wird Ihrem Kind ein solcher sprachlicher Zugangsversuch daheim manche Beschimpfung wegen Grenzüberschreitung einbringen.

Situation Drei: Ihr Kind wechselt im Gespräch zwischen Erwachsenen- und Jugendsprache.

Im ganzen Leben gibt es nur wenige Situationen und Abschnitte, die verwirrender sind als die Pubertät. Ein Teil Ihres Kindes lebt noch für eine Weile selbstvergessen, spontan, unüberlegt. Der andere Teil versucht, sich einerseits unter Seinesgleichen zurechtzufinden, andererseits mit Erwachsenen vernünftig umzugehen. Ja, tatsächlich, Jugendliche möchten respektvoll sein.

Ignorieren Sie Sprachwechsel während einer Unterhaltung, solange diese verstümmelten Sätze nicht zu Beleidigungen abdriften. Betrachten Sie solche Wechsel als Kompliment. Ihr Kind traut Ihnen zu, seine Sprache zu verstehen. Das ist sogar ein Vertrauensbeweis. Sie dürfen mitreden, sind es wert, in der flapsigen, verstümmelten Jugendsprache angeredet zu werden. Herzlichen Glückwunsch, Sie gehen offensichtlich locker genug mit Ihrem Alien um.

Bei allen Situationen gilt:

Jugendsprache selbst unterliegt starken, schnellen Veränderungen. Sie ist in der Stadt anders als in ländlichen Gegenden. Stets ist sie ein Symbol der gewollten Abgrenzung von Erwachsenen. Seien Sie jetzt erwachsen und betrachten sich nicht als zurückgewiesen. Ihr Kind bleibt weiterhin bei Ihnen und wird bei entsprechender Reife von selbst seine verstümmelten Halbsätze vergessen.

Problem Drei: Jugendsprache lenken – wozu?

Vielleicht sind Sie sprachbegabt in Jugendsprache. Möglicherweise legen sie mental häufig die Ohren bei solchen Unterhaltungen an. Also wünschen Sie sich eine Veränderung dieses Sprachgebrauchs. Dazu lautet mein eindringlicher Rat: Vergessen Sie diese Idee sofort wieder. Jugendsprache ist ein wichtiger Bestandteil der Entwicklung vom Kind zum Erwachsenen. Sprachliche Abgrenzung ist vorübergehend wie ein Kokon, um sich in der Welt der Erwachsenen vorsichtig zu orientieren.

Doch es gibt ungute jugendsprachliche Entwicklungen. Das ist dann der Fall, wenn sich Ihr Kind der normalen Ausdrucksweise immer stärker oder vollständig verweigert. Jetzt ist es Zeit für ein Einlenken, vor allem gegen beleidigende oder abwertende Ausdrücke. Verlangen Sie normale Ausdrücke im Umgang mit den Eltern. Machen Sie daraus kein Gesetz. Aber erlauben Sie sich eine Ermahnung, falls die Jugendsprache wieder komplett am Esstisch oder auf dem Sofa einzieht.

Sprechen Sie deutlich Ihre Abneigung gegen manche Ausdrucksweisen aus. Nennen Sie respektlose Sätze und beleidigende Ansprachen bitte immer direkt beim Namen, am besten sofort nach dem Aussprechen. Sofern Sie ein inniges Miteinander haben, genügt meist ein Anstupsen oder Hüsteln, um den unerwünschten Redefluss zurück in normales Deutsch zu lenken. Bitte seien Sie realistisch: Jugendsprache lässt sich weder unterbinden noch steuern. Sie kann nur als Teil der Entwicklungsreife auf angenehme Wertvorstellungen umlenken.

Lösungsideen

Finden Sie sich mit der ungewohnten Jugendsprache ab. Sie ist nicht für Eltern und Erwachsene bestimmt, sondern eine absichtliche Identifikation unter Gleichaltrigen. Sie schafft Verständnis unter Jugendlichen in banalsten Situationen. Außerdem wechselt sie sowieso im Laufe der Jahre mehrmals.

Schmunzeln Sie zu manchem fremd klingenden Ausspruch. Hey, Sie sind Eltern! Sie dürfen verständnislos sein. Es ist erlaubt, manche Äußerung in Erwachsenendeutsch nachzufragen. Aber bitte seien Sie kein Korinthenkacker oder Erbsenzähler. Manche solcher Ausdrücke verzerren die Jugendlichen unabsichtlich, vor allem, wenn die neu sind. Das kann zu herrlichen Stilblüten führen, die Eltern und Kinder gemeinsam zum herzhaften Lachen bringen.

Grenzen Sie den jugendlichen Sprachgebrauch bei Bedarf für zu Hause und bestimmten Umgang mit Erwachsenen ein. Jugendsprache kann bei einer familiären Unterhaltung nerven. Bei allem Verständnis für die kleinen, liebenswerten Unterschiede dürfen Sie als Eltern genervt sein. Weisen Sie gerne darauf hin, wenn ein Jugendausdruck nicht zum Ernst einer Unterhaltung oder dem gerade diskutierten Thema passt. Erklären Sie diese Grenzen auch hinsichtlich bestimmter Personen im näheren persönlichen oder allgemeinen gesellschaftlichen Umfeld.

Sprechen Sie Missbilligung für abwertende Jugendsprache klar aus. Jugendsprache hat ihre Grenze dort, wo sie in unflätige Beleidigung oder Abwertung von Personen abdriftet. Dulden Sie das nicht, weder im Gespräch über Personen noch in der direkten Unterhaltung. Bei allem Verständnis für Pubertät muss Ihr Kind Wertvorstellungen wie Höflichkeit und Respekt während der Pubertät entwickeln. Nur auf diese Weise ersparen Sie Ihrem Kind spätere Probleme im generellen sozialen Umfeld.

Ermuntern Sie Ihr Kind zu neuen Alternativ-Wörtern und Sätzen. In der Jugendgruppe haben Sie keinerlei Einfluss auf den Gebrauch der Jugendsprache. Durch Ihr Ermahnen können Sie meist den Gebrauch positiver Jugendwörter wie papatastisch (aufregend schön), akkurat/same (voll in Ordnung/einverstanden) oder wild und voll geil (für extrem schöne oder emotional bewegende Situationen) anregen. Schimpfwörter wie Krampfader-Geschwader (mehrere ältere Menschen) oder Kahba (Schlampe) sind unter Jugendlichen weniger negativ belastet als im sprachlichen Umgang mit Erwachsenen. Wenn Ihr Kind schon Sprache ausprobiert, dann sollte es mit Ihrer Unterstützung weniger verletzende Jugendworte finden oder erfinden.

Bleiben Sie geduldig und nervenstark. Klar nervt es, wenn Sie sich gerade noch ordentlich unterhalten konnten und plötzlich alles so anders klingt. Machen Sie sich jetzt immer bewusst, dass viele Aussprüche gar nicht so gemeint oder gar nachgeplappert sind. Solange die Sprache unter Erwachsenen normal bleibt, sitzen Sie Jugenddeutsch am besten aus. Schlucken Sie manchen Reizzustand bei solchen Ansprachen am besten runter. Früher oder später, spätestens beim Wechsel von der Schule zur Ausbildung, verliert sich dieses Phänomen wieder.

Praxisbeispiele

Situation Eins: Ihr Kind unterhält sich in seiner Jugendsprache mit anderen Jugendlichen bei einer Familienfeier.

Hören Sie weg. Gehen Sie nicht auf diesen Slang ein, falls die Jugendlichen in der gleichen Weise mit Ihnen reden möchten. Bleiben Sie authentisch und reden so, wie Sie es immer gewohnt sind. Automatisch wird sich die Jugendsprache an Ihre Worte anpassen. Passiert das nicht, kann es ein Zeichen von momentanem Trotz sein.

Humor steckt an, also antworten Sie doch in Ihrer einstigen Jugendsprache! Schlimmstenfalls wenden sich die Kinder wieder von Ihnen ab. Bestenfalls verursachen Sie ein nachsichtiges Prusten, in das Sie gerne einstimmen dürfen. Ihnen fällt spontan nicht mehr ein, wie Sie sich damals unterhalten haben? Dann wird es Zeit, bei Ihrem Kind Nachhilfeunterricht zu nehmen.

Kümmern Sie sich beim Familientreffen nicht um den Tadel älterer Familienmitglieder wie »Die/der traut sich was« oder »So hätten wir uns das früher nicht zu sagen getraut.« Stimmt schon, vielleicht sind Sie selbst früher sofort zurechtgestutzt worden. Also lassen Sie Ihre Kinder gewähren und gehen auf den Tadel der Erwachsenen gar nicht ein. Die waren schließlich auch mal jung und wurden wahrscheinlich genauso angesprochen.

Situation Zwei: Während eines Streits driftet die Jugendsprache Ihres Kindes in Beleidigungen ab.

Wehren Sie sich gegen einen solch negativen Verlauf der Unterhaltung. Aber brechen Sie das Gespräch nicht ohne Erklärung ab. Verlangen Sie gerne mit klaren Worten »bitte mehr Respekt und nicht in diesem Ton«. Sie sind nicht alt gewordene Jugendliche, sondern gestandene

Menschen mit dem Recht auf Wertschätzung. Die sollte bei allem Verständnis für die Pubertät nie in Vergessenheit geraten.

Seien Sie trotzdem nicht dauerbeleidigt. Trotz und Widerspruch in Jugendsprache sind ein Vertrauensbeweis. Würde Ihr Kind nicht auf Ihre Nachsicht vertrauen, würde es nicht so offen und ungehemmt mit Ihnen reden. Fördern Sie dies, aber stets mit einer gewissen Abwehr, wenn Sprache und Verhalten Ihre emotionalen Belastungsgrenzen erreichen.

Verzichten Sie nach einer solchen, entgleisten Unterhaltung auf ein Nachfassen. Meist ärgern sich die Jugendlichen im Stillen selbst über ihr unangemessenes Verhalten. Spüren Sie allerdings Rückzug und Vorsicht oder gar Angst, gehen Sie gerne nochmals auf die Situation ein. Aussprache erleichtert beide Seiten. Sie gehört ebenfalls zu einer wichtigen Entwicklungsunterstützung für ein Festigen Ihrer bisher engen Eltern-Kind-Bindung.

Situation Drei: In der Unterhaltung mit Ihnen als Eltern provoziert Ihr Kind mit Jugendwörtern.

In der Pubertät geraten sämtliche Emotionen komplett aus der Mitte. Der Druck wird so stark, dass provokativ verwendete Jugendwörter ein Blitzableiter sind. Sie als Eltern dienen dabei als Ersatzziel. Den Kindern ist in solcher Unterhaltung nicht bewusst, dass Eltern ebenfalls empfindlich sind. Erinnern Sie gerne daran, ohne sofort abzublocken.

Provokation ist ein Austesten der aktuellen Grenzen. Das ist im Chaos neuer Anforderungen, hormoneller Veränderungen und charakterlicher Neuorientierung wichtig. Sie als Eltern können die Grenze weit stecken oder eng fassen. Doch machen Sie das Grenzverständnis nicht einzig von Ihrem eigenen Empfinden abhängig. Erlauben Sie Ihrem Kind, Sie zu provozieren. Reagieren Sie bitte nicht darauf nach dem Zahn-um-Zahn-Prinzip.

Der Umgang mit provokativer Unterhaltung ist eine Herausforderung etwa ab der Mitte der Pubertät. Wenn Sie gelassen genug bleiben und rechtzeitig Grenzen kommunizieren, verliert sich dieses Verhalten recht bald wieder. Eskaliert jedoch jede Unterhaltung auf die gleiche Weise, kann es Ihren familiären Zusammenhalt beschädigen und die Entwicklung der Jugendlichen falsch lenken.

Bei allen Situationen gilt:

Jugendliche während der Pubertät verstehen ihre Jugendwelt als eigenes Universum und sich selbst darin als den Mittelpunkt. Dieses Verständnis zeichnet Jugendsprache aus. Bleiben Sie als Eltern gelassen, jedoch konsequent. Denn auch in der Neuorientierung darf Jugendlichen weder Beleidigung noch herablassendes Verhalten erlaubt sein. Nur durch diese Grenzen lernen sie, als Erwachsene vernünftig mit einem sozialen und gesellschaftlichen Umfeld umzugehen.

Problem Vier: Jugendsprache aus dem Mund Erwachsener

Die Pubertät ist der Beginn eines Abschieds der besonderen Art. Ihre Kinder werden größer, der Klamottengeschmack anders, die Sprache völlig fremd. Dabei möchten Sie doch wie bisher Anteil am Leben und Empfinden der lieben Kleinen haben! Aber jung werden Sie nun einmal nicht wieder, weder über eine neue Frisur oder jugendliche Kleidung, noch weniger über den Versuch, Jugendsprache zu übernehmen.

Vielmehr empfinden Jugendliche solche Sprachversuche als Übergriff in ihre Jugendwelt. Die Kinder möchten sich durch Abgrenzung neu erfahren, Neues ausprobieren, eine eigene Wertvorstellung aufbauen. Eltern in Jugendsprache verzögern diesen Prozess oder bringen ihn vorübergehend ganz ins Stocken. Trotz und Provokation können dadurch zunehmen und manche emotionale Schmerzgrenze überschreiten.

Ihr Kind ist jetzt ganz intensiv mit sich selbst beschäftigt. Es würde in diesem pubertären Zustand gern die komplette Welt der Erwachsenen ausblenden. Dazu gehört auch, dass sie nicht hören wollen, wie sie selbst reden. Schon gar nicht möchten Sie sich von ihren Eltern nachgeäfft fühlen. In der hypersensiblen Gefühlswelt dieser Jahre verstehen sie einen solchen Versuch als Geringschätzung, sogar Herabwürdigung der jungen Persönlichkeit.

Lösungsideen

Tun Sie nicht so, als würden Sie unverständliche Jugendsprache verstehen. Feiern Sie Ihre Unterschiede. Wenn der Sprachgebrauch zu wild wird, dürfen Sie gern Ihre Erleichterung erklären, dass Sie selbst »dieses Sprachchaos endlich überstanden« haben. Oft führt das zum Nachdenken und Zurückhaltung ohne trotzigen Rückzug.

Wiederholen Sie Jugendsätze in Ihrer eigenen Sprache. Bestimmt würden Sie heute über manche einstige Jugendunterhaltung lachen oder den Kopf schütteln. Wie kamen Sie damals nur auf solche Ausdrücke? Und wenn Ihr Kind schon so in Fahrt ist, machen Sie doch einfach mit! Allerdings eben so, als wären Sie in dieser Situation noch halb Kind, halb erwachsen. Genießen Sie die kurze Verwirrung der Jugendlichen. Das entschärft eine ansonsten oft vorhandene Entfremdung spielerisch.

Sprechen Sie sich mit anderen Eltern von Klassenkameraden zur Jugendsprache ab. Humor ist, wenn Eltern trotzdem und am besten miteinander lachen. Fragen Sie nach, was bei den Kids gerade in oder angesagt ist. Vielleicht unterscheiden sich Ihre Grenzerfahrungen in der Toleranz dieser Jugendsprache, vielleicht mögen Sie ja gemeinsam bestimmte Entwicklungen nicht. Daran können Sie gerne ansetzen, wenn Sie herablassende oder beleidigende Ausdrucksweisen im eigenen Familienkreis einschränken.

Verteidigen Sie den Sprachgebrauch Ihres Kindes nicht vor anderen Erwachsenen. Sicherlich sind Sie für Ihr Kind genauso oft cringe wie Ihr Kind für Sie. Eigentlich wissen Pubertierende sehr wohl, dass sie gerade ungewollte Sachen sagen. Mal geschieht das als Provokation, mal aus Trotz, manchmal aber auch unbewusst. Gehen Sie auf die Entrüstung anderer Erwachsener nicht im gleichen Augenblick ein. Finden Sie besser eine geschickte Lösung, die Unterhaltung zu beenden. Besprechen Sie mit Ihrem Kind die Situation später daheim, immer OHNE andere Erwachsene außerhalb der Familie.

Vertrauen Sie auf die Zeit mit ihren ständigen Wandlungen. Jugendsprache ist viel flüchtiger als die Pubertät. Haben Sie sprachliche Grenzen gesetzt, lehnen Sie sich zurück und ertragen alles dazwischen einfach. Tatsächlich gilt auch für dieses Phänomen die Volksweisheit »Das verwächst sich.« Je gelassener Sie mit der Jugendsprache umgehen, desto schneller kehrt der normale und endlich erwachsene Sprachgebrauch zurück.

Seien Sie selbst kreativ mit jungen und jugendlich klingenden Wortschöpfungen. Probieren Sie doch einmal aus, ob Sie das Talent zu neuen, individuellen Wortschöpfungen besitzen. Lassen Sie sich halb verstandene Jugendwörter gerne erklären. Überlegen Sie, wie so etwas (oder jemand) zu Ihrer Jugendzeit hieß. Freuen Sie sich auf die großen Augen Ihres Kindes, wenn Sie einen solchen, bislang nie gehörten Ausdruck benutzen!

Praxisbeispiele

Situation Eins: Ihr Kind erklärt in Jugendsprache gerade eine Situation der Unfairness oder des Trotzes.

»Das verstehst du doch sowieso nicht« ist ein beliebter Versuch Jugendlicher, eine mahnende oder tadelnde Unterhaltung zu beenden. Oft klappt das auch, da Eltern für sich selbst hiermit eine Grenze gezogen bekommen. Ebenso drückt Ihr Kind damit eine momentane emotionale Überforderung aus. Das ist in den Jahren der Pubertät ein häufiger Zustand, der binnen Sekunden auftaucht.

Versuchen Sie nicht zwanghaft, jetzt Ihr Verständnis zu beteuern. Gehen Sie bitte einen Schritt zurück, für jetzt. Schon in einer Stunde hat sich der innere Sturm in Ihrem Kind wieder beruhigt. Dann ist Gelegenheit, nochmals nachzufragen. Gerne dürfen Sie diesen Versuch mit der Bemerkung einleiten »Das verstehe ich tatsächlich nicht, würde es aber gerne aus deiner Sicht erfahren.«

Wenn Jugendliche trotzen und dafür Jugendsprache als Waffe nutzen, suchen sie eigentlich Bestätigung Ihrer Sicht der Dinge. Erst allmählich können sie mit Ihrem Zuspruch auftauen und sich genauer anvertrauen. Ebenso gut ist es möglich, dass Ihr Kind sich gerade selbst nicht versteht. Die Pause in einer Unterhaltung und Ihre geduldige Reaktion auf den Trotz können eine solche Situation auflösen.

Situation Zwei: Ihr Kind wiegelt in Jugendsprache gedankenlos ab: »Tangiert mich doch nicht.«

Viele Jugendwörter und die verstümmelte Jugendsprache sind schlichtweg Nachahmungen in der Zeit der Selbstfindung. Kreiert werden sie oft von wütenden, besonders reifen oder dominanten Gleichaltrigen oder etwas älteren Pubertierenden. Nachahmung ist einerseits ein Ausprobieren, andererseits der Versuch, ebenfalls als halb erwachsen (bis erwachsen) in der Jugendgruppe anerkannt zu werden.

Gehen Sie auf bestimmte Ausdrücke ein, wenn Sie merken, dass Ihr Kind so eigentlich nicht tickt. Aber hier sind Sie nicht die Lehrer, sondern die neugierigen Schüler. Lassen Sie gedankenloses Jugend-Geplapper nicht einfach so stehen. Es sollte ihre Kinder sehr wohl kümmern, wie deren Sprache auf angesprochene Erwachsene, Gleichaltrige und Jüngere wirkt. Keinesfalls dürfen verletzende und herablassende Ausdrücke zur Gewohnheit werden.

Aber ziehen Sie in einer solchen Situation die Grenze nicht zu streng. Lassen Sie Ihr Kind erst einmal das Eine oder Andere ausprobieren. Soweit das Ihre Emotionen zulassen, nehmen Sie manchen negativen Satz widerspruchslos hin. Aber selbstverständlich schreiten Sie sofort ein, wenn Sie sich selbst dabei verletzt fühlen. Das sollten Sie jedes Mal Ihrem Kind bewusst machen. Gewiss möchte es selbst nicht auf die gleiche Weise verletzt werden. Deshalb stehen die Chancen gut, in diesem Punkt die Jugendsprache ein wenig zu lenken.

Situation Drei: Jugendsprache peinlich - »Das hätten wir uns damals nicht getraut.«

Gewiss hören Sie nach einer solchen Aussprache anderer Erwachsener von Ihrem Kind Sachen wie »Ja ja, ich weiß, damals war alles besser.« Quatsch! Natürlich waren zu Ihren Jugendzeiten Erziehungsansprüche strenger. Falls nicht, herzlichen Glückwunsch zu einer freien Jugendentwicklung! Falls doch, wiederholen Sie bitte nicht die altbackenen Ansprüche Ihrer eigenen Eltern an Ihrem Kind.

Das heißt nicht, dass sich Jugendliche im Sprachgebrauch jetzt alles erlauben dürfen. Weiterhin gibt es gewisse Ansprüche im gesellschaftlichen und sozialen Kontext, die für Kinder und Erwachsene gleichermaßen gelten. An diese muss sich auch Ihr pubertierendes Kind gewöhnen und sie akzeptieren sowie einhalten.

Aber gehen Sie bitte nicht (siehe Lösungsidee) sofort vor den Ohren der Sprecher auf diese Ansicht ein. Besser erklären Sie daheim in ruhiger Minute, worüber sich diese Person mokiert hat. Laden Sie dazu ein, sich bei der nächsten Begegnung einfach zurückzuhalten. Fordern Sie kein Verständnis für diesen Fremd-Tadel. Es genügt, wenn Ihr Kind lernt, seine Jugendsprache für solche Unterhaltungen kurz auszublenden.

Bei allen Situationen gilt:

Lenken ist bei der Jugendsprache weder nötig noch förderlich. Das bedeutet keinen Freibrief für unflätige Ausdrucksweisen. Gehen Sie nur dann dazwischen, wenn Sie bestimmte Bezeichnungen, Flüche und Aufforderungen als für sich selbst unerträglich empfinden. Beim Gewähren lassen sollte auch jugendsprachlich das Prinzip gelten: Was du nicht willst, dass man dir tu', das füg' auch keinem andern zu.

STRATEGIE 3

Tauchen Sie ein in das verrückt spielende Gehirn der Pubertierenden

Familie bedeutet in jeder Lebensphase Streit und Diskussionen. Diejenigen Menschen mit der optimalen Gelassenheit bezeichnen diesen Zustand als Streitkultur. Über die Jahre haben Sie vermutlich dieses Miteinander zu einer für alle akzeptablen Harmonie geführt. Es gibt Regeln, an die sich alle in jedem Alter innerhalb der Familie halten.

Doch auf einmal verändert sich das Verhalten Ihrer Kinder. Statt für geplante Aktivitäten um Erlaubnis zu bitten, kündigen sie einfach an »So, ich fahre jetzt mit XY zum Club (oder einer anderen Party)«. Bevor Sie nachfragen können, fällt die Tür zu, und Ihr pubertierendes Kind entschwindet hinter der nächsten Kurve. Gab es bislang feste Regeln für das Heimkommen, erscheint der Nachwuchs, meist wortlos und zurückweisend, vielleicht mit einem unfreundlichen »Hey, was gibt es zu essen?«

Auf bisherige Absprachen reagieren Kinder in der Pubertät plötzlich unberechenbar. Was gestern noch als »voll geil« galt, ist jetzt »sowas von abgedroschen«. Hausaufgaben sind Nebensache, der Rat gleichaltriger Freunde wichtiger als alle elterliche Erfahrung. Für diese plötzliche Distanz zwischen Kindern und Eltern gibt es keine einfache Erklärung. Dennoch will ich Ihnen Lösungsideen zu drei häufigen Problemen der veränderten Gedankenwelt in der Pubertät anbieten.

Problem Eins: Die Sache mit der Aufrichtigkeit

Während der Kindheit flogen harmlose Flunkereien sofort auf. Sie als Eltern konnten förmlich riechen und spüren, wenn den lieben Kleinen etwas auf der Seele lag. Dieses Feingespür hat sich durch die Pubertät nicht verändert. Doch während dieser Entwicklungsphase geraten Kinder gedanklich in eine Art seelischen Kokon. Sie kapseln sich ab und können selbst mit Engelszungen nicht zum Beichten bewegt werden.

Dieses Verhalten ist kein Vertrauensentzug an Sie. Es gehört zum Prozess der Selbstfindung in diesem Alter. Kinder möchten jetzt Große sein. Das bedeutet aus ihrer Sicht, auch emotionale Probleme mit sich selbst auszumachen, einen gewissen Druck ohne Beistand zu durchleben. So lange daraus kein Dauerrückzug wird, müssen Sie sich keine Sorge um mögliche psychische Störungen machen.

Gegen Geheimniskrämerei hilft nur weiter Ihre Offenheit. Bohren Sie nicht am Esstisch nach. Verlangen Sie keine Aussprache. Aber zwischendurch ein »Kommst halt, wenn du meinst« wirkt stärker im jugendlichen Kopf, als Sie es vielleicht selbst einschätzen. Oft kommen die Kinder irgendwann von selbst darauf zurück. Ihre Aufgabe ist es, Ihren Kindern das Ausprobieren der eigenen, seelischen Belastbarkeit ohne Vorwürfe oder Dauerkommentare zuzumuten.

Lösungsideen

Sprechen Sie sofort aus, wenn Sie die Aufrichtigkeit Ihres Kindes anzweifeln. Es ist schwer zu erkennen, ob Sie jetzt einfach misstrauisch sind oder dreist angeschwindelt werden. Hellhörig macht ein langer Anlauf in blumigen Worten vor der eigentlichen Aussage. Wenn Sie Glück haben, begleitet ein Erröten den Schwindel. »Und das soll ich dir glauben?« wird sofortigen Trotz und Rückzug auslösen. Ihr Kind ist nicht beleidigt, weil Sie es anzweifeln. Es ist in seiner derzeit seltsamen

Gedankenwelt eher frustriert, weil Sie den Schwindel erkannt haben. Lassen Sie den Trotz zu. Es dauert ein paar Minuten bis Stunden, aber dann setzt sich meist das Bedürfnis zur Aufrichtigkeit durch.

Schlucken Sie Vorwürfe runter. Sie haben schon oft gelesen, dass Sie Ihre eigenen Emotionen offen kommunizieren sollen. Jetzt dringen Sie nur zu Ihrem Kind vor, wenn Sie für den Augenblick Spannung aus der Situation nehmen. Noch schlimmer für die pubertäre Gedankenwelt als erwischt zu werden ist die Gewissheit, sich zur Lüge erklären zu müssen. Das kann die Verwirrung steigern, und als einzige Waffe sehen Kinder oft weiteren Rückzug. Belassen Sie es jedoch dabei, auf die Lüge hinzuweisen, kommt eine Erklärung oder Entschuldigung automatisch. Denn auch Teenager mögen lieber eine entspannte als aufgeladene Familienstimmung.

Sprechen Sie Ihre Enttäuschung in einer ruhigen Minute aus. Erwarten Sie auch durch Zurückhaltung nicht, dass Ihr Kind seine Lüge rechtfertigt. Ihr Kind weiß sehr wohl, dass nur Aufrichtigkeit das bisherige Vertrauen in der Familie sichert. Aber es findet bei Daueransprache und Vorwürfen keinen für sich erträglichen Weg dorthin zurück. Wenn also Gras über eine solche Situation gewachsen ist, dürfen Sie gerne daran erinnern. »Das hat mir zu denken gegeben« oder »Du kannst mir doch alles sagen« wirkt positiver auf künftige Aufrichtigkeit als »Dass du mir das ja nicht wieder machst« oder »In unserer Familie wird nicht geschwindelt« (was 120-prozentig eine Lüge ist, weil Notlügen zum Familienalltag gehören).

Hinterfragen Sie nicht den Grund für eine Lüge. Bei der klärenden Unterhaltung geht es nicht um das Warum. Sicherlich hatte die Lüge einen Zweck, etwa Strafen zu vermeiden, sich besser darzustellen oder die Eltern nicht in Sorge zu versetzen. Stellen Sie einfach fest, dass gelogen wurde. Sobald Ihr Kind das zugibt, haken Sie das Ereignis ab. Nein, künftig wird Ihr Kind nicht lammfromm und aufrichtig durch die Pubertät schreiten. Aber möglicherweise erkennt es selbst Grenzen, die ein Lügen schon aus moralischer Seite verbieten.

Halten Sie keine Moralpredigt über Aufrichtigkeit. Ohnehin bröckelt in der Pubertät Ihrer Kinder das statuenhafte Bild von den Eltern als Vorbildern. Nein, Sie selbst gehen gewiss nicht ohne jegliche Schwindelei durch Ihr Leben. Versuchen Sie gar nicht erst aufzuzählen, wie oft Sie Ihre Kinder angeschwindelt haben, um diese zu einer Aktivität zu motivieren oder ihnen Grenzen zu setzen. Klar ist Lügen ein Zeichen von Respektlosigkeit. Bei Kindern in der Pubertät ist es aber gleichzeitig ein Zeichen der noch unsicheren Selbstfindung. Je häufiger Lügen zum Ziel führen, desto findiger werden sie dabei. Je öfter deswegen geschimpft wird, desto häufiger eskaliert die Familiensituation deswegen. So vorübergehend wie die Pubertät ist auch die Phase der mangelnden Aufrichtigkeit. Gehen Sie am besten gelassen und weiter an der Seite Ihrer Kinder da durch.

Werden Sie jetzt bloß nicht zum Kontrollmonster. Klar verunsichern Lügen. Vor allem, wenn Ihre Kinder vorher nicht so waren, fragen Sie sich automatisch »Was weiß ich noch alles nicht?« Allerdings neigen stark kontrollierte Kinder in der Pubertät sehr viel stärker zum Lügen und Abschotten. Sie verweigern rasch weitere klärende Gespräche. Seien Sie jetzt stark. Vertrauen Sie darauf, dass in der Gedankenwelt Ihres Kindes gerade buchstäblich die Post abgeht, und zwar hypersensibel in alle positiven und negativen Richtungen. Wenn Sie sich zurücknehmen, vermeiden Sie ziemlich sicher spätere Ausbrüche aus dem normalen, aufrichtigen Verhalten.

Spielen Sie zu Kontrollzwecken nie und unter keinen Umständen gleichaltrige Kinder gegeneinander aus. Damit bringen Sie Kumpels in Verlegenheit zwischen der eigenen Heimlichtuerei und der anerzogenen Aufrichtigkeit gegenüber Erwachsenen. Möglicherweise erfahren Sie auf diesem Weg das eine oder andere. Aber die Kumpel werden vielleicht ihren eigenen Eltern gegenüber verschlossen. Ihr eigenes Kind wird schnell am komischen Verhalten der Gleichaltrigen feststellen, dass etwas nicht stimmt. Fliegt Ihr Versuch auf (und das wird er zu 99 Prozent), haben Sie das Vertrauen Ihres Kindes schlimmstenfalls bis über die Pubertät hinaus verspielt. Bleiben Sie also bei jedem Lösungsversuch immer im direkten Kontakt, sowohl als Eltern untereinander als auch zu den Jugendlichen.

Praxisbeispiele

Situation Eins: Sie fragen nach dem Stand der Schulnoten.

Angst ist ein starker Motor für Lügen. Angst vor Versagen, Missbilligung oder Strafen resultiert in der Pubertät zum Teil aus früheren Erfahrungen. Für gute Noten wurde Ihr Kind immer gelobt. Lob tut gut auf der Suche nach Wertschätzung. Doch in der Pubertät gibt es oft zu hören, dass das Kind mal wieder richtig Mist gebaut hat.

In ihrer noch chaotischen Gedankenwelt setzen Jugendliche Missbilligung gleich mit Verachtung. Ihr Kind lügt also aus Versagensangst. Aus seiner Sicht lieben Sie es nur, wenn es Ihre Erwartungen erfüllt. Das macht es eben in dieser schwierigen Phase nicht oder höchstens zwischendurch. Klar haben Sie ein Leben lang gesagt und gezeigt, dass Sie Ihr Kind ohne Bedingungen an seine Leistungen lieben. Nur – stimmt das jetzt noch?

Schlechte Noten sind natürlich Mist, weil gerade jetzt spätestens das übernächste Zeugnis für Bewerbungen wichtig ist. So weit kann Ihr Kind aktuell nicht vorausschauen. Aber Sie können Tadel abdämpfen. Sagen Sie nur, dass die Note nicht gut ist. Erklären Sie allerdings, dass Schulnoten nicht Ihre Liebe verändern. Sie könnten anbieten, dass Sie bei schwierigen Lernarbeiten zum Abfragen oder Finden einer Lösung mitgrübeln. Zumindest bei Projektarbeiten oder vor Klassenarbeiten ist das für Sie ein vergleichsweise geringer Aufwand am Feierabend.

Situation Zwei: Sie bitten um Hilfe im Haushalt.

Haushalt ist für Jugendliche neben »Du musst!« oder »Das erlaube ich nicht!« praktisch die Ankündigung einer Strafe. Einige Handgriffe wie Müll rausbringen, Geschirrspüler einräumen oder Bett bauen sind vielleicht schon seit der Kindheit selbstverständlich. Vielleicht verlangen Sie ja jetzt auch nicht mehr. Trotzdem ist plötzlich jeder Handgriff zu viel.

Kinder merken es selbst nicht, sind aber aktuell zwischen Antriebslosigkeit und Selbstfindung gefangen. Wichtiger als die Familie ist jetzt die Anerkennung unter Gleichaltrigen. Die schwindeln übrigens nicht nur die Eltern an, sondern munter auch auf der Suche nach Bewunderung untereinander. Also hört Ihr Kind wahrscheinlich öfter »Was? Und das machst du noch?« oder ähnlich bemitleidende Kommentare.

Ihr Kind lügt also, um Regeln und Verbote zu umgehen. Das Praxisbeispiel Haushalt lässt sich beliebig auf Pünktlichkeit beim Heimkommen, Erledigung der Schularbeiten oder andere elterliche Vorschriften ausweiten. Bestehen Sie weiterhin darauf, dass Ihr Kind eigene Interessen für ein paar Minuten hinter dem Haushalt zurückstellt. Aber brüllen, schreien, bestimmen Sie nicht. Möglicherweise reagieren die Gedanken Ihres Kindes ja auf die Bitte »Ich fühle mich gerade überfordert/gestresst/müde«. Denn bei aller Eigensinnigkeit in der Pubertät ist das Wohlergehen der Eltern den jungen Widerspenstigen insgeheim weiterhin wichtig.

Situation Drei: Sie planen einen Familienausflug.

Sie möchten gemeinsam etwas unternehmen, vielleicht eine Kurzreise über ein Wochenende oder nur einen Tagesausflug zu Verwandten. Ihr Kind lügt jetzt aus falsch verstandener, emotionaler Rücksicht. Eigentlich hat es nur sein Streaming, die Klamotten für die nächste Party oder Endlostelefonate mit Freunden im Kopf. Da passen elterliche Terminwünsche so gar nicht dazwischen.

Bestehen Sie bitte nicht darauf, dass Ihr Kind noch in der behüteten Familienumgebung mit Ihnen mitkommt. Lassen Sie sich vielmehr wenigstens drei Argumente gegen das Mitkommen erklären. Egal, wie widersinnig Ihnen das vorkommt: Akzeptieren Sie das. Ihr Kind wird flügge und möchte jetzt seine eigenen Flügel ausprobieren. Wahrscheinlich machen Sie ihm sogar eine Freude, wenn Sie endlich einmal etwas als Eltern allein unternehmen.

Wahrscheinlich sind zwei der drei Argumente pur gelogen. Sie haben Ihr Kind für den Augenblick in emotionale Bedrängnis gebracht. Es möchte Ihnen nicht wehtun, aber sich trotzdem deutlich abnabeln. Fragen Sie auch später nicht nach. Machen Sie Ihr Ding, lassen Sie Ihr Kind sein Ding machen und erzählen Sie später einfach vom Ausflug. Möglicherweise wecken Sie damit das Kind im Jugendlichen, und nächstes Mal hat es doch wieder Lust dazu. Aber warten Sie nicht darauf – freuen Sie sich einfach, wenn es so kommt.

Bei allen Situationen gilt:

Aus Kindern werden Menschen, sowohl körperlich als auch seelisch und geistig. Auf diesem Weg ist Halt ein wichtiger Aspekt, am besten Halt in der Familie. Falls Sie ganz arg erbost sind, nehmen Sie sich unbedingt eine Verschnaufpause im Garten oder laufen Sie Ihre Wut bei einem zügigen Spaziergang weg. Lassen Sie sich nicht auf der Nase herumtanzen. Aber bitte versuchen Sie nie, eine Schwindelei Ihrer Kinder in der Pubertät nach den Vernunftvorstellungen Erwachsener einzustufen.

Problem Zwei: Selbstüberschätzung von Jugendlichen

Im Gehirn von Kindern laufen ab Beginn der Pubertät tausend Entwicklungsprozesse gleichzeitig ab. Wie sich der Körper verändert, so werden auch plötzlich Gehirnareale aktiv, die vorher höchstens leise geschlummert haben. Auf einmal fühlen sich Jugendliche von den so neuen Gedanken beflügelt. Einige verleiten sie dazu, sich wie Erwachsene zu beweisen.

Diese scheinbar chaotische Entwicklung verändert das Selbstverständnis unter Gleichaltrigen dauerhaft, gegenüber Erwachsenen in Schüben. Einen Tag geben sie noch ordentliche Antworten, am anderen nur noch patzige Widerworte. Solange es bei Worten bleibt, können Sie darauf mit eigenem Rückzug, Maßregelung und Ermahnung reagieren. Doch Selbstüberschätzung in diesem Alter geht weit über Worte hinaus.

Es wird mit verbalen Provokationen die Reaktion des Umfelds außerhalb der Familie ausgetestet. Die Lehrer sind spätestens jetzt als Respektspersonen im Zweifel. Fremde Erwachsene haben sowieso nichts zu melden. Angeberei, plötzlich starkes Verlangen nach modischen Accessoires oder das Eingehen gefährlicher Risiken sind Teil der Selbstüberschätzung. Nur Niederlagen in solchen Situationen bringen – vorübergehend – eine Balance.

Lösungsideen

Nehmen Sie angeberische Erzählungen ohne spürbare Zweifel hin. Die Kunst der Übertreibung bekommt in der Pubertät eine neue Funktion. In den Gedanken Ihres Kindes beweist dies ihren Wert, der ihnen durch andere, meist erwachsene Personen zugesprochen wurde. Bleiben Sie ruhig und geben Sie ebenfalls nachträgliche Bestätigung. Das ist Balsam in der jugendlichen Seele auf ihrer aktuellen Sturmfahrt.

Spricht Ihr Kind über große Pläne, unterstützen Sie es. Bitte sagen Sie zu vermeintlich übergroßen Ideen nie »Das kannst du nicht.« Stattdessen erringen Sie den derzeit angeknacksten Respekt als Eltern durch Unterstützung. Lassen Sie sich Details der Pläne erklären, ohne ein Urteil darüber abzugeben. Kommt Ihr Kind ins Stocken, versuchen Sie sich in eigenen, kreativen Ideen zur Umsetzung.

Lassen Sie zu, dass sich Ihr Kind in Gegenwart Ihrer Freunde Ihnen gegenüber distanziert verhält. In den Gedanken Ihrer Kinder wachsen sie im Geiste gerade zu Riesen, denen die Welt gehört. Erwachsene dagegen schrumpfen zu alten Menschen, die den Zeitgeist nicht verstehen. Dementsprechend wirkt ihr Verhalten in Gegenwart Gleichaltriger schnodderig bis abweisend. Akzeptieren Sie das und vertrauen darauf, dass beim Heimkehren die Kinder-Eltern-Welt wieder einigermaßen geordnet und wertschätzender ist. Vor allem: Betrachten Sie bitte distanziertes Verhalten nicht als Ablehnung. Es gehört vielmehr zum Teil der Selbstüberschätzung, nämlich, sich als unabhängig zu beweisen.

Ermutigen Sie Ihr Kind im erträglichen Rahmen zur Selbstüberschätzung. Obwohl die Gedanken in diesem Alter riesige Sprünge machen, sind die einzelnen Schritte auf dem Weg der Selbstständigkeit klein. Aber sie sind vorhanden und verdienen Anerkennung. Dadurch motivieren Sie Ihr Kind zu immer mehr Versuchen, sich erwachsen zu verhalten. Wehren Sie Selbstüberschätzung dagegen ab, kann es zu einer verzögerten pubertären Entwicklung kommen. In schlimmen Fällen werden runtergebügelte Jugendliche erst im späten Erwachsenenalter überhaupt eigenständig.

Erlauben Sie das Ausprobieren im legalen Rahmen. Vielleicht möchte Ihr Kind etwas völlig Neues ausprobieren, erzählt davon und bittet um Ihre Erlaubnis. Sie sind skeptisch bis ängstlich bei dem Gedanken. Natürlich dürfen Sie das aussprechen. Aber raten Sie – soweit das Ausprobieren legale Aktivitäten umfasst – keinesfalls davon ab. Gelingt der Test, wächst Ihr Kind innerlich ein weiteres Stück dem Erwachsensein entgegen. Misslingt der Versuch, verkneifen Sie sich Kommentare wie »Das hab' ich doch gewusst.« Jetzt beginnen die Erfahrungen Ihres Kindes, ganz neu, vielleicht anders als bei Ihnen, vielleicht vergleichbar. Lassen Sie es zu, ohne sich dagegen zu wehren.

Verzichten Sie bei offensichtlich falschen Erfolgsberichten auf jedes Aber. Für das Ausschmücken ist das fantasievolle Kind im Kind zuständig. Die erfundenen Fakten gehen auf die Kappe des jungen Erwachsenen im Innern. Die Wahrheit des Erfolgs liegt irgendwo dazwischen. Beschränken Sie sich bei Kommentaren am besten auf ein »Das freut mich« oder »Hey, klasse gelaufen.« Den Rest der Erfolgsfreude müssen die tausend neuen Sinne Ihres Kindes ganz für sich verarbeiten.

Praxisbeispiele

Situation Eins: Ihr Kind berichtet stolz von einer begangenen Heldentat.

Vielleicht gab es einen Streit unter Jugendlichen, den Ihr Kind – ganz entgegen seiner sonst neutralen Haltung – aktiv schlichten konnte. Davon erzählt es natürlich, auch vom baffen Abzug der Täter und dem Dank der Person, der es helfen konnte. Dabei wechselt die Erzählung zwischen dem Ausschmücken der Hilfe und dem Zurücknehmen der Wichtigkeit dieser Handlung, vielleicht so: »Das hätte doch jeder so gemacht.« oder »Das konnte ich einfach nicht mit ansehen.«

Hintergrund dieser Übertreibung ist die Wertigkeit, die Ihr Kind für sich selbst im Umfeld gerade neu entdeckt. Dabei ist rein nach dem momentan halbfertigen Entwicklungsstand des Gehirns die Zuordnung in normal und außergewöhnlich noch nicht möglich. Durch den ausgeschmückten Bericht versuchen Jugendliche, von den Eltern eine Einschätzung zu bekommen. Selbstverständlich soll die so positiv, so groß, so bewundernd wie möglich ausfallen.

Hören Sie sich alles geduldig an. Wenn die wahre Mitte des Berichts auch Ihnen gefällt, loben Sie gern. Schließlich bedeutet die Suche nach der Wertigkeit auch eine Entwicklung des moralischen Empfindens, also des späteren Verhaltens im sozialen und gesellschaftlichen Umfeld als erwachsene Person. Ermuntern Sie es, auch weiterhin Unrecht anzufechten und nicht passiv geschehen zu lassen. Gerade jetzt motiviert es solcher Zuspruch, sich auch künftig selbstbewusst zu verhalten.

Situation Zwei: Ihr Kind wünscht, dass Sie es nicht bis ganz zum Treffen unter Gleichaltrigen begleiten.

Das Elterntaxi ist in der heutigen Zeit völlig normal geworden. In manchen Regionen sind Treffen mit Freunden oder der Besuch kultureller Veranstaltungen auch gar nicht anders möglich. Aber sich hinbringen lassen bedeutet mangelnde Eigenständigkeit. Je nach Start- und Zielort schwingen sich die einen Kinder kurzerhand auf ihr Fahrrad. Wer den Mofa-Schein hat, fährt lieber eigenständig selbst vor – ohne elterliche Begleitung.

Wann immer Sie mit auftauchen, bedeutet das für Ihr Kind Kontrolle. Die lehnt es aber in der Pubertät ab. Aus seiner Sicht ist es jetzt erwachsen, zumindest verantwortungsvoll genug für eigene Wege. Das sticht beim bloßen Gedanken, ist aber normal und förderungswürdig. Sprechen Sie diesen Gedanken bloß nicht aus. Er würde Ihr – ach so erwachsenes – Kind kränken.

Falls Sie weiterhin das Elterntaxi sind, parken Sie außer Sichtweite der Kumpels am Treffpunkt. Wenn Ihr Kind dorthin ein Stück zu Fuß gehen muss, ist das kein Beinbruch. Es muss sich jetzt entscheiden: Sind Eltern zu peinlich, um gesehen zu werden oder akzeptiert genug, um noch bis ganz nah mitzukommen? Versuchen Sie keine Überredungskünste. Auch ein chaotisches Gehirn in der Pubertät muss lernen, Entscheidungen abzuwägen und endgültig zu treffen.

Situation Drei: Ihr Kind hat etwas Neues erfolglos ausprobiert.

In der Gedankenwelt Ihrer Kinder werden aus leisen Ideen schnell großartige Pläne mit selbstverständlich heroischem Ausgang. Im Heldenfilm läuft das ja auch immer so. Natürlich können Jugendliche erkennen, dass diese Filme nicht das echte Leben widerspiegeln. Aber es könnte so klappen. Und weil sie gerade ihr eigenes Zentralgestirn sind, kreisen neue Erfahrungen und deren erfolgreicher Ausgang ohne Wenn und Aber darum.

Nun haben Sie sich bemüht, diesem Ratgeber zu folgen und Ihre Zweifel zurückzuhalten. Sie haben bei der Planung einer Aktivität geholfen, beispielsweise beim Vorbereiten eines Trekkingurlaubs mit Gleichaltrigen. Ihr Kind verschwindet in das Abenteuer, ohne einen Blick zurück oder wenigstens eine SMS zum Abschied. Klar wünschen Sie für den Ausgang alles Gute.

Doch so schillernd wie die Vorstellung ist der Ausflug dann doch nicht gelaufen. Es gab kein Netz, der Zeltplatz war miserabel, die ersehnten Klettertouren aus Wettergründen gesperrt. Sparen Sie sich bei der Heimkehr mit schlechter Laune jegliches Nachfragen. Klar darf der Alltag nicht zu kurz kommen. Aber bitte lassen Sie Ihr Kind die Pleite erst einmal verdauen. Garantiert kommt es beim nächsten Frühstück oder am nächsten Wochenende von selbst auf das Gespräch.

Bei allen Situationen gilt:

Sie sind kein Psychotherapeut und kein Lebensberater. Wären Sie es, wären Sie Ihren Kindern in der Pubertät noch viel peinlicher. Ebenso wenig sind Sie selbst emotional auf manche der plötzlichen Stimmungsschwankungen gefasst. Aber lassen Sie sich davon nicht beirren. Machen Sie klar, dass auch Erwachsene verletzlich sind. Ja, Sie dürfen auch einmal impulsiv sein und ausflippen. Das sollten allerdings nur

Ausnahmemomente in einer Ausnahmesituation bleiben. Sparen Sie sich Dauervorwürfe, um nicht in einen Teufelskreis aus Ablehnung und Misstrauen zu geraten. Wenn die vorgeschlagenen Lösungsideen nicht helfen: Seien Sie kreativ. Stellen Sie sich vor, wie verwirrt und unberechenbar Sie selbst durch Ihre eigene Jugend gestolpert sind. Wenn Sie weiterhin für Ihr Kind berechenbar und offen bleiben, stärken Sie damit vorausschauend die familiäre Bindung. Bestenfalls lachen Sie alle gemeinsam später über manches Familienchaos in den überstandenen Jugendjahren.

Problem Drei: Anreiz, Reize und verlorene Reizschwelle

Spätestens beim ersten Ausraster Ihres Kindes wegen einer nichtigen Ursache wissen Sie, dass die Pubertät in vollem Gange ist. Zunächst reagieren die meisten Eltern autoritär darauf. Das führt zum Rückzug und Dauerfrust – auf beiden Seiten. Dadurch lernt Ihr Kind nicht, mit Misserfolgen umzugehen. Es interpretiert dies sofort als mangelnde Anerkennung seiner eigenen Person.

Was Ihr Kind als negativ bewertet, entzieht sich Ihrem elterlichen Verständnis. Denn das meiste davon sind für Sie Lappalien, die ein Knurren und Murren gar nicht wert sind. Für Ihr Kind dagegen sind es Stolpersteine bei der geistigen und sozialen Entwicklung. Folgen mehrere Misserfolge mit Fehlinterpretation, sinkt die Motivation für einen zweiten Versuch oder zum Ausprobieren neuer Dinge gegen Null.

Richtiges Reagieren auf eine niedrige Reizschwelle ist fast unmöglich. Sie können den Frust aber abschwächen. Dadurch fassen Jugendliche auch an den schlimmsten Tagen wieder Zuversicht. Mit Geduld, Hilfsangeboten und hoher Reiztoleranz begleiten Sie die Entwicklung zu selbstbewussten Jugendlichen, die Misserfolge als normal anerkennen und sie nicht zum Maßstab künftiger Entscheidungen machen.

Lösungsideen

Akzeptieren Sie die schlechte Laune Ihres Kindes nach einem Misserfolg. Sind Sie selbst nicht geknickt, wenn etwas nicht geklappt hat? Haben Sie nach solchen Momenten Lust auf ein halbherziges Motivationsgespräch? Nein, auch Jugendliche wollen erst einmal das empfundene Versagen verdauen. Geben Sie diesen Raum. Nehmen Sie ein grimmiges Gesicht bei der gemeinsamen Mahlzeit oder einen Tag hinter verschlossener Zimmertür in Kauf.

Seien Sie nicht plötzlich jederzeit für die Wünsche Ihres Kindes betriebsbereit. Kinder haben gelernt, dass ihre Wünsche so gut und schnell wie möglich von den Eltern erfüllt werden. Aber Pubertät bedeutet nun einmal loslassen, auch von der »Wunschfabrik Eltern«. Sich einmal selbst ein Ei in die Pfanne hauen, auch, wenn das kaputt geht, ein Kleidungsstück oder Buch selbst finden, statt die Eltern suchen zu lassen, das und vieles mehr gehört zum Preis der neuen Freiheit. Viele Wünsche sprechen Jugendliche aus Bequemlichkeit aus. Jetzt müssen sie lernen: »Selbst ist die/der Jugendliche.«

Ermutigen Sie Ihr Kind zu neuen Versuchen. Klar macht das Training im Jugendverein nach einem verlorenen Wettkampf keinen Spaß. Das Fach, in dem es eine schlechte Note gehagelt hat, ist plötzlich doof. Der Lehrer sowieso, weil er keine Ahnung hat und die Note zu Unrecht gab. Im Veräußerlichen von Gründen für Misserfolge sind Jugendliche wahre Meister. Doch ein Versuch bedeutet nicht den Weltuntergang. Sie als Eltern können mit einer Ermunterung wie »Ach, dann machst du es eben nächstes Mal besser« neuen Ehrgeiz wecken. Bieten Sie je nach Situation Ihre Hilfe an, ohne diese allerdings aufzudrängen. Gelingt ein neuer Versuch besser, ist die Euphorie ebenso groß wie jetzt der Frust.

Reagieren Sie auf Wutanfälle nicht mit eigener Wut. Oh ja, sie bringen einen zur Weißglut. Sie behaupten unfaire Dinge, beschuldigen, beleidigen, wehren ab. Aber Wutanfälle sind ein Zeichen für einen besonders heftigen Entwicklungsschub des Gehirns. Manche Hirnareale entwickeln sich schnell, andere können noch nicht mithalten. Machen Sie sich das in einer solchen spontanen Situation immer wieder klar: Die Wechsellaunen Ihres Kindes sind eine Mischung aus emotionaler Selbstfindung und komplexen körperlichen Veränderungen, ein Gemisch aus Hormonen und neuen Hirnvernetzungen. Allerdings dürfen Wutanfälle kein Dauerzustand werden. Sprechen Sie das bitte anschließend in ruhigeren Momenten aus und stellen Regeln für den Ton und die Wahl der Worte auf.

Lassen Sie sich von anderen Eltern nicht in Ihrem Erziehungskonzept beirren. Zwischen ausdrücklich autoritärer und vollkommen lascher Erziehung gibt es so viele Familienkonzepte wie Familien. Selbstverständlich bekommen Sie tagtäglich kluge Ratschläge von anderen Eltern und Verwandten. Aber die waren auch mal in der Pubertät, haben das vielleicht nur vergessen oder verdrängt. Also hören Sie sich die Tipps an, lassen Sie auch Kritik unkommentiert über sich ergehen. Für Ihre eigene Familie machen Sie weiterhin das, was Sie für Ihr Kind und sich selbst als motivierend, wohltuend und förderlich empfinden.

Vergleichen Sie niemals Ihr eigenes Versagen aus der Jugend mit dem Ihres Kindes. Einer der schlimmsten Erziehungsfehler bei jedem Erziehungskonzept sind Sprüche wie »Das gab es in meiner Jugend nicht« oder »Also, als ich so alt war wie du« oder »Glaubst du denn, dass ich nicht auch jung war?« Selbstfindung heißt, wie es klingt: Jeder Mensch ist einzigartig. Das chaotische Gehirn Ihres Kindes findet mit Ihrer Zurückhaltung, Konsequenz und ohne elterliche Mahnsprüche selbst seinen Weg in ein erwachsenes Emotionsleben. Alle Vergleiche mit sich selbst führen höchstens zu noch mehr Ablehnung. Denn kaum etwas empfinden Kinder in der Pubertät als ätzender, als mit dem früheren Verhalten der aus ihrer Sicht alten Eltern verglichen zu werden.

Praxisbeispiele

Situation Eins: Ihr Kind berichtet davon, dass es bei Entscheidungen seiner Kumpels kein Mitspracherecht bekommt.

Teamwork unter Erwachsenen bedeutet gemeinsamer Ideenaustausch mit einer Entscheidung, die von allen getragen wird. Unter Jugendlichen spielen sich einige Kinder als Bestimmer auf. Andere dürfen mitreden, werden aber bestenfalls angehört, schlimmstenfalls ignoriert oder ausgelacht. Das verletzt, weil es die eigene, gerade noch gesuchte Wertigkeit in der Gruppe in Frage stellt.

Halten Sie es mit der Entscheidungsfindung in der Familie wie bisher. Ihr Kind jetzt zum Zentrum der Entscheidungen zu machen, setzt ein falsches Signal. Jugendliche würden sich schnell zu Erwachsenen aufspielen, so, wie sie das Herrische von den Bestimmern in ihrer Jugendgruppe nachahmen. Aber hören Sie genau zu, wenn Ihr Kind Vorschläge macht.

Erklären Sie beispielsweise: »Das möchten wir Eltern anders machen. Aber an deinem Vorschlag ist was dran. Nächstes Mal probieren wir das aus.« Diese Aussicht auf künftig mehr Erfolg bei Entscheidungen motiviert, weiterhin Ihre elterlichen Entscheidungen zu akzeptieren. Halten Sie ein solches Versprechen ein, so gut es sich in Ihre Pläne integrieren lässt. Darf es einmal mitsprechen, wird es seine Ideen in Richtung Familie und weniger in Richtung Eigendynamik lenken.

Situation Zwei: Ihr Kind wünscht sich etwas Teures, Seltenes oder Ungewöhnliches.

Wünsche zu erfüllen ist wichtig, aber nicht immer richtig. Oft wünschen sich Kinder etwas, um Frust zu kompensieren. Teure Dinge sind oft Wunschobjekte, um damit ein Statussymbol für vermeintlich mehr Anerkennung zu erhalten. Doch im Jugendalter sollte zweckmäßiges Schenken stets über dem ideellen Wert von Wünschen stehen.

Betrifft der Wunsch schulische Sachen, können Sie gern über ein solches Geschenk nachdenken. In vielen Schulen wird bereits mit Laptop gelehrt. Das darf – je nach Budget und Modell – gern eines mit Funktionen für eine tipptopp Präsentationsarbeit sein. Es muss aber nicht eines sein, dass nur deswegen begehrt ist, weil es sich XY sofort bei Markteinführung geholt hat.

Halten Sie sich bei Geschenken an die sonst üblichen Termine: Geburtstag, Weihnachten, Ostern, vielleicht Kindertag. Dazwischen dürfen Wünsche geäußert werden, sollten aber bis zum nächsten Geschenkefest auf jeden Fall unerfüllt bleiben. Auch das spätere Leben ist kein Wunschkonzert auf Knopfdruck. Zudem sollen Wünsche immer eine Motivation bleiben, sich bis dorthin zu bescheiden.

Situation Drei: Ihr Kind flippt schon seit einigen Tagen wegen jeder Kleinigkeit aus.

Es bringt überhaupt nichts, in einer solchen Situation auf Ihr Kind einzupredigen. Selbst Engelszungen erreichen jetzt das überhitzte Gemüt nicht. Bedenken Sie, dass die Kinderseele gerade von einer Klippe zur nächsten auf der Suche nach Halt springt. Das bedeutet jedoch keinesfalls, dass Sie Jähzorn dulden sollen. Er ist respektlos, widersinnig und für alle anstrengend.

Sprechen Sie zunächst ein Machtwort wie »Nicht in diesem Ton«, und keinesfalls »Was fällt dir ein.« Satz eins kann die heiße Gemütsflamme zügeln, Satz zwei sie höchstens wegen der Verwirrung im Satz noch stärker anheizen. Schicken Sie Ihr Kind ins Zimmer oder nach draußen. Oder gehen Sie selbst aus der Situation weg. Verkneifen Sie sich all die Zurück-Beleidigungen, die wahrscheinlich gerade in Ihrem inneren Kind hochkochen.

Sobald der Rauch verflogen ist, setzen sich alle zusammen. Stellen Sie klar, dass jetzt geredet, aber keinesfalls gebrüllt, getrampelt oder beleidigt wird. Klappt das nicht auf Anhieb, wiederholen Sie nach jeder Jähzorn-Pause die Versuche zur Aussprache. Nur so lernt Ihr Kind allmählich, dass sich mit ruhigem Reden alles sagen und regeln lässt. Ebenso bekommt es nach einem Anfall Zeit, sich zu sortieren. Oft wissen Jugendliche auf Nachfrage hinterher gar nicht mehr so genau, warum sie eben so auf der Palme waren.

Bei allen Situationen gilt:

Es ist Ihr Leid als Eltern, die Gemütssprünge und Unberechenbarkeit Ihres Kindes jetzt auszuhalten. Sie müssen sich deshalb aber nicht als dauerlächelnder, verzeihender Engel ausprobieren. Dadurch würden Sie falsche Signale setzen. Fortschritte in der geistigen und emotionalen Entwicklung erkennen Sie, wenn Ihr Kind zwischendurch auf Sie eingeht. In manchen Familien hilft eine festgelegte »Teppichkonferenz« dabei, die schlimmsten Vorfälle in Ruhe gemeinsam durchzusprechen. Sparen Sie sich im Stillen wie im Lauten Vorwürfe. Aber machen Sie klar, dass Sie gerade unter den Gemütswechseln leiden. Bei allem Eigensinn möchten Kinder in der Pubertät nicht ihre Eltern leiden lassen. Meist gehen sie künftig von selbst vom Gas und bemerken schneller, dass sie gerade außer Kontrolle geraten.

Problem Vier: Wegen Umbau vorübergehend geschlossen

Eine Kindheit lang haben Sie Ihren Kindern Regeln beigebracht, sie emotional begleitet und wussten immer, wie sie ticken. Plötzlich stehen Sie mehrmals täglich vor einer Wand. Alles, was bisher als schön galt, ist plötzlich – scheinbar aus Prinzip – langweilig, nervig oder spießig. Sie erleben provokantes Eingehen von Risiken, Vernachlässigen der Schulpflichten und Missmut beim Einhalten von Pflichten im Haushalt.

Ursache ist die bereits viel erwähnte, unterschiedliche Entwicklung der Gehirnareale. Vorher verliefen diese Prozesse einigermaßen im Einklang. Grobmotorik, Feinmotorik, Schuldbewusstsein und moralische Erkenntnisse reiften und sorgten für ein familien- und gesellschaftskonformes Verhalten. Jetzt allerdings verändert sich der Körper in vergleichsweise kurzer Zeit sehr stark. Einige Gehirnareale brauchen dafür mehr Zeit als andere.

Ein Schutzmechanismus in der Pubertät gegen dieses Ungleichgewicht ist Abschottung. Jetzt sollten Sie nicht Ihr Kind an sich in Frage stellen. Geduld und Aufmerksamkeit sind nötig, um diesen sprunghaften Entwicklungsprozess gemeinsam durchzustehen. Vertrauen Sie einfach auf alles, was Ihr Kind an Erziehungserfolgen bisher schon gezeigt hat. Nichts ist verloren, nur vorübergehend für die nötige Neusortierung weggesperrt.

Lösungsideen

Wahren Sie innerliche Distanz zu Gefühlsausbrüchen. Zwischen Lachen und Weinen, auf Bäume klettern und still in der Ecke sitzen liegen gerade nur Augenblicke. Selbst als stark emotionaler Mensch dürfen Sie diese Gefühlsausbrüche keinesfalls persönlich nehmen. Mit gelebter Gelassenheit bleiben Ihre Nerven intakt. Gleichzeitig öffnen Sie Ihrem Kind eine Tür zur Normalität zwischen den Veränderungen.

Erklären Sie selbst in zornigen Situationen, dass Sie stets als

Vertrauensperson verfügbar sind. Egal, mit welchen Schimpfnamen Sie Ihr Kind gerade belegt hat – es wird Augenblicke geben, da sehnt es sich einfach nach einem Arm um die Schultern, einem Honigbrot oder einem Lächeln von den Eltern. Spielen Sie dieses Wohlwollen nicht nur. Es lässt auch Sie als Eltern reifen, wenn Sie von Toleranz zu Akzeptanz wechseln. Wiederum sind Sie gerade in dieser Phase der geschlossenen Pubertäts-Baustelle der wichtigste Fels in der Brandung.

Übertragen Sie die Gemütsausbrüche Ihres Kindes nicht auf die eigene Gefühlswelt. Mitgefühl ist die Fähigkeit, sich in die Gefühlswelt anderer Menschen hineinzuversetzen. Ein normal entwickelter, erwachsener Mensch gerät damit rasch an seine eigenen, emotionalen Grenzen der Belastbarkeit. Machen Sie sich daher immer und immer wieder klar, dass diese Stürme Ihres Kindes vorübergehen und es niemandem hilft, wenn Sie jetzt selbst in Frust oder gar depressive Stimmungen verfallen.

Bestehen Sie hartnäckig darauf, Pflichten schulisch und privat nicht zu vernachlässigen. Fürsorge ist eine elterliche Pflicht bis zum Erreichen der Volljährigkeit. Sie als Eltern sorgen jetzt dafür, dass die Fehleinschätzung von Prioritäten Ihrer Jugendlichen zurechtgerückt wird. Lassen Sie sich vom schulischen Leistungsstand berichten. Akzeptieren Sie nicht, dass bisherige Haushaltspflichten wegen »wichtiger Termine mit Kumpels« vernachlässigt werden. Auch als Großbaustelle bleibt Ihr Kind Teil eines Familiengefüges, das am besten gemeinsam mit strikt verteilten Rollen funktioniert.

Akzeptieren Sie die Wichtigkeit gleichaltriger Freunde. Oft kommen Sie weder mit Strenge noch mit Güte an Ihr Kind heran. Sie sind vorläufig nur die Insel für zwischendurch. Aber beruhigend und leitend kann der Umgang mit Gleichaltrigen wirken. Zumindest tauschen sie ihr aktuelles, inneres Chaos untereinander viel offener aus, als das gegenüber Erwachsenen gerade möglich ist. Ermutigen Sie also Ihr Kind, Kontakte zu pflegen. Ein Verbot des Umgangs würde ohnehin nur zu noch mehr Trotz und Auflehnung führen.

Zeigen Sie bei positivem Verhalten deutlich Ihren Stolz auf die Reife Ihres Kindes. Viele Erwachsene zeigen Jugendlichen bei jeder möglichen Gelegenheit, dass sie sich unmöglich benehmen, »eine Null-Bock-Generation sind« und keinen Respekt kennen. Selbst ein Kind, das seine Pubertät moderat durchlebt, fühlt sich davon pauschal abgeurteilt. Sie als Eltern können das kompensieren. Loben Sie das Einhalten von Regeln, den neuen Modegeschmack, die teils philosophischen, neuen Ansichten oder Hilfsbereitschaft und Unrechtsempfinden. Damit bewirken Sie die Motivation, solche anerkannten Tugenden zu pflegen. Dieser Effekt hält auch im späteren Erwachsenenalter an.

Praxisbeispiele:

Situation Eins: Ihr Kind bricht mitten im Streit in Tränen aus.

Wenn sich Kinder in der Pubertät in einen Streit hineinsteigern, dann so richtig extrem. Tränen sind kein Zeichen von Reue, sondern dafür, dass der emotionale Pool gerade komplett überläuft. Klar macht Sie das traurig. Sie wollten doch Ihr Kind nicht zu Tränen rühren! Aber es kann passieren, dass Sie selbst sich auch nicht mehr zurückhalten können.

Akzeptieren Sie Ihre eigenen Tränen und die Ihres Kindes. Nutzen Sie dieses Überlaufen für eine Pause im Streit. Eltern und Kinder brauchen jetzt ein paar Augenblicke zum Herunterfahren. Ihr Kind nimmt sowohl Ihr Mitstreiten als auch Ihre Tränen persönlich. Umgekehrt sind Sie als Eltern aber reif genug, um zwischen bösem Angriff und hilfloser Streiterei zu unterscheiden.

Die ungeordnete Gedanken- und Gefühlswelt Ihres Kindes wird noch für eine ganze Weile abwechselnd in Flammen aufgehen und im Wasser schwimmen. Das belastet Eltern stark, weil sie doch keinesfalls dieses Leid zulassen möchten. Einzige Lösung: Lassen Sie es zu. Es ist Teil der Gehirnentwicklung und sogar wichtig, um allmählich von selbst zur gesunden Balance zu finden.

Situation Zwei: Sie verlangen eine Hausarbeit, werden aber abgewiegelt.

Baustelle Gehirn ist keine Entschuldigung für die Vernachlässigung von Pflichten. Mithilfe im Haushalt soll Ihr Kind auf ein gut organisiertes, ordentliches Leben in Eigenregie vorbereiten. Wenn Sie jetzt diese Regeln aufweichen, lernt es möglicherweise nie, auf die eigenen vier Wände zu achten. Außerdem ist Struktur gerade jetzt wichtig, um das Chaos im Kopf zumindest vorübergehend zu bremsen.

Gerne dürfen Sie ein »Wenn, dann« einführen. Ihr Kind wünscht sich bestimmte, neue Freiheiten? Das ist o.k., wenn im Gegenzug weiter die Regeln eingehalten werden. Hilfreich kann jetzt ein grober Familienplan an der Pinnwand sein. Je nach Familiensituation (siehe Vorspann) steht für eine Woche oder einen Monat pro Familienmitglied eine Liste von Aufgaben. Natürlich müssen auch die Erwachsenen jede einzelne einhalten.

Entschuldigt sich Ihr Kind von Pflichten mit dem Hinweis auf dringende schulische Vorbereitungen, hinterfragen Sie das nicht. Allerdings dürfen Sie nach dem behaupteten Unterrichtsfach gern das Ergebnis einer Präsentation, eines Projektabschnitts oder einer Klassenarbeit abfragen. Bekommen Sie Ausflüchte, lassen Sie sich bei der nächsten Entschuldigung dieser Art Aufgabe und Termin vorher zeigen. Denn Schule soll weiterhin wichtig bleiben, aber keine Ausrede sein.

Situation Drei: Ihr Kind tut etwas, das eigentlich nur viel jüngere Kinder lange vor der Pubertät machen.

Manchmal scheint das Gehirn von Kindern in der Pubertät regelrecht abgeschaltet zu sein. Sie zündeln im Hof, obwohl sie das eine Kindheit lang nicht machten, weil es verboten war. Sie vergessen das Zähneputzen, obwohl es von klein auf zu den selbstverständlichen Ritualen gehörte. Alle bisherige Struktur scheint also vergessen zu sein.

Auch hier finden Sie die Ursache im Selbstfindungsprozess. Die neue Gedankenwelt überfordert Kinder in der Pubertät. Einerseits sind Regeln und ein fester Tagesablauf hilfreich bei einem gelassenen Alltag. Andererseits stürmen tausend neue Eindrücke auf Ihre Kinder ein. Sie nehmen jeden einzelnen Eindruck extrem ernst. Darüber scheint das Gewohnte vorübergehend überflüssig zu werden.

Lachen Sie über solche Rückfälle. Aber erinnern Sie daran, dass es sich um Einzelsituationen handeln soll. Schimpfen oder Kopf schütteln sind wenig hilfreich. Sowieso gehen erwachsene Mahnungen aktuell häufig zu einem Ohr hinein und zum anderen wieder hinaus. Also freuen Sie sich darüber, dass Sie als Strukturhilfe hin und wieder doch noch gebraucht werden.

Bei allen Situationen gilt:

Zwischen Ihren eigenen Wertvorstellungen und denen Ihrer pubertierenden Kinder liegen aktuell Welten. Zwingen Sie ein rationales Verhalten auf, gelingt das nur in Einzelfällen. Schon beim nächsten Ausrutscher ist ein Ausbruch aus solchem Zwang vorprogrammiert. Kontrolle ist nur bedingt sinnvoll, Motivation nur bei sichtlicher Zugänglichkeit Ihres Kindes hilfreich. Ihr Mittelweg als Eltern ist es, sich die Extreme nicht zu stark zu Herzen zu nehmen, damit Sie Ihrem gerade wankenden Kind in dieser Baustellenzeit jederzeit als Netz und doppelter Boden beispringen können. Alles andere erträgt sich am besten mit einem Lächeln.

Je widersinniger das Verhalten, desto besser sind Distanz und die Zuversicht, dass »sich das alles bald ausgeht.“

STRATEGIE 4

Kontrollieren Sie den Umgang Ihrer Kinder mit den unwiderstehlichen sozialen Medien

Soziale Medien online befriedigen ein Urbedürfnis von Kindern in der Pubertät. Sie liefern ihnen Bestätigung. Im direkten sozialen Kontakt sind sie mit all ihren Schwächen sichtbar. Online können sie Fantasien ausleben, sich im bestmöglichen Licht präsentieren und entweder nachahmen oder eigene Ideen auf die Reaktion im Netz ausprobieren.

Um soziale Medien und ihre Wirkung auf Kinder in der Pubertät zu verstehen, müssen Sie selbst dort aktiv sein. Ansonsten merken Sie gar nicht, wie ein einziger dummer Spruch sich auf die Psyche Ihres Kindes auswirken kann. Suchtverhalten entsteht schon früh im pubertären Alter. Meist legt es sich spätestens mit negativen Erfahrungen oder

dann, wenn der geistige Entwicklungsstand in Richtung Erwachsensein nahezu abgeschlossen ist.

Zwischen süchtigem Verhalten und vernünftigem Umgang mit sozialen Medien liegt ein schmaler Grat. Durch zeitliche Einschränkung der erlaubten Nutzung können Sie als Eltern vorläufig negativen Tendenzen entgegensteuern. Bis zu einem gewissen Alter gibt es auch technische Möglichkeiten, die Zugänge nur für bestimmte Seiten zu erlauben. Aber alles zusammen verhindert nicht, dass Ihr Kind anonymen sozialen Kontakten online einen gleichen Stellenwert zumisst wie den sozialen Kontakten im echten Leben.

Problem Eins: Der Trend zur Mediennutzung zwischen Verführung und Notwendigkeit

Die immer intensivere Mediennutzung ist ein Phänomen auch unter Erwachsenen. In manchen Großstädten wurden inzwischen Bodenampeln installiert und Laternenpfähle mit Polstern ummantelt, um Unfälle durch die Dauernutzung des Smartphones zu verhindern. Klar bekommen Kinder dieses Verhalten von Erwachsenen schon in der Kindheit mit.

Kinder lernen aber auch besonders schnell, vor allem, wenn die Nutzung von Technik emotionale Vorteile verheißt. In der Pubertät findet mindestens die Hälfte der täglichen Kommunikation nicht mehr verbal, sondern über Textnachrichten oder Videochat statt. Klar machen es die Eltern vor. Denn im Durchschnittshaushalt gehören Laptop und Internet-TV sowie Smartphone und eventuell Spielekonsole längst zur Normalität.

Dem Interesse von Jugendlichen an der Nutzung sozialer Netzwerke kommt auch die Geschwindigkeit des Austauschs entgegen. In ihnen selbst läuft gerade ein Feuerwerk der Veränderungen ab. Die Lust auf Ausprobieren lässt sich in Sekundenschnelle befriedigen, Misserfolge durch Umschalten einfach ausblenden. Sie müssen jetzt nicht den Laptop abstecken und Ihr Smartphone ausschalten. Es gibt nämlich ein paar Lösungsideen, um einen verantwortungsvollen Umgang mit digitalen Medien zu fördern.

Lösungsideen

Unterziehen Sie sich einer Selbstüberprüfung beim Umgang mit digitalen Medien. Schwierig ist diese Überprüfung, falls Sie im Home Office arbeiten oder sogar online selbstständig sind. Erklären Sie Ihrem Kind in diesem Fall die Gründe dafür und dass das für Sie kein Hobby, sondern ein notwendiger Beruf ist. Testen Sie, wie viele Seitenbesuche und Nutzungen wirklich rein geschäftlich und welche Teil Ihrer Freizeitgestaltung sind.

Machen Sie Ihre vorhandene, digitale Technik nicht vom Standard anderer Familien abhängig. Das Vergnügen an immer mehr Möglichkeiten der Internetnutzung ist wie ein Rausch, der viele Familien fasziniert. Entsprechend umfassend sind schon Kinder in der frühen Pubertät, oft sogar eingeschränkt vorher, mit passender Technik versorgt. Das ist kein Grund, das nachzumachen. Klar möchte Ihr Kind in der Pubertät mit den anderen mithalten können. Aber es genügt auch ein Laptop für schulische Arbeiten und ein Smartphone mit weniger Funktionen als das der Klassenkameraden. Seien Sie tapfer und folgen nicht dem »Herdentrieb«.

Schaffen Sie von Anfang an Regeln für erlaubte Nutzungszeiten. Schularbeiten am Laptop gehören längst zum modernen Schulalltag. Hier dürfen Sie keine Einschränkungen machen, sich aber gern vom Erledigungsstand überzeugen. Private Handy- und Laptop-Nutzung sollten aber ein bis zwei tägliche Stunden nicht überschreiten. Vergessen Sie technische Abschaltprogrammierungen. Die knacken schon jüngere Kinder im Handumdrehen. Reden Sie stattdessen intensiv miteinander und halten sich auch selbst an solche Nutzungszeiten.

Schränken Sie nach Möglichkeit Zugangsberechtigungen im Internet so lange wie möglich kindersicher ein. Ein pubertäres Kind mit elf, zwölf Jahren ist für Verlockungen und Risiken des Internets empfindlich. Das sensibelste Alter sind 13 bis 15 Jahre, abhängig vom individuellen Entwicklungsstand. Informieren Sie sich über kindersichere Seiten, die sich auch für das Erledigen von Schularbeiten der oberen Klassenstufen eignen. Lassen Sie sich so lange wie möglich nicht zu einer Erweiterung überreden. Erklären Sie aber, dass Sie das nicht aus Kontrollwahn, sondern zur Sicherheit Ihres Kindes machen.

Werden Sie Ihrer Vorbildrolle gerecht. Hand aufs Herz: Wie lange halten Sie einen Abend ohne Blick aufs Handy aus? Ist es o.k., wenn Sie die E-Mails für länger als zwei, drei Tage nicht checken? Gestalten Sie Ihren Alltag immer mit Ausblick auf Internetzeiten, oder ist das Internet nur gelegentliche Kommunikationsform? Jugendliche sind im Anzweifeln der elterlichen Vorbildrolle sehr streng. Deshalb sollten Sie sich selbst zurücknehmen. Fällt Ihnen das schwer, stellen Sie sich vor, wie schlimm der Verzicht erst für Ihr Kind ist. Schließlich befindet es sich online gerade auf einer extrem spannenden Entdeckungsreise.

Machen Sie Aktuelles der Mediennutzung Ihres Kindes zum Teil täglicher Gespräche. Erzählen Sie von Ihren eigenen Surferfahrungen. Fragen Sie nach, wo Ihr Kind heute so unterwegs war. So erfahren Sie davon, welche sozialen Netzwerke gerade angesagt und genutzt werden. Auf keinen Fall sollten Sie Ihrem Kind auf dessen Plattformen Freundschaftsanfragen schicken. Erinnern Sie sich: Eltern sind peinlich, auch online.

Praxisbeispiele

Situation Eins: Sie sitzen am PC, als gerade Ihr Kind von der Schule zurückkommt.

Klar verstehen diese Situation Jugendliche als Freibrief, sich gleich anschließend selbst hinter dem Laptop zu verbarrikadieren. Das Gleiche gilt, wenn Sie selbst abends ständig am Handy beschäftigt sind. Der ständige Blick auf diese Technik ist auch ein bequemer Schutz vor unbequemen Unterhaltungen.

Am besten werden Sie Ihrer Vorbildrolle als Eltern gerecht, wenn Sie Ihre PC-Zeiten auf die Schulzeiten Ihrer Kinder verlagern. Ausnahme sind natürlich berufliche Belange. Aber auch die lassen sich oft früher abwickeln. Versuchen Sie auf jeden Fall, im Alltag mit Kind Familienzeiten ohne digitale Mediennutzung einzuhalten.

Sie tun sich durch eigenen Verzicht auf Internet-Zeiten auch selbst einen Gefallen. Es bleibt dann noch Zeit für gemeinsame Aktivitäten draußen oder drinnen. Erwarten Sie nicht, dass Ihr Kind da mitmachen möchte. Aber achten Sie darauf, dass vereinbarte Zeitbegrenzungen eingehalten werden. Leben Sie medienfreie Familienfreizeit vor, statt Beschränkungen für Ihre Kinder einzig auf technische Abschaltung zu programmieren.

Situation Zwei: Ihr Kind quengelt, weil das Handy der Schulkameraden neuere Funktionen als sein eigenes hat.

Klar wird über jedes neue Handy unter Gleichaltrigen gelästert. Sofern es sich nicht um das frisch auf den Markt gekommene Modell handelt, ist die technische Ausstattung Teil der Selbstdarstellung. Alle wollen da mithalten, vielleicht zieht sich dieser Zwang sogar durch die ganze Gruppe und Schulklasse. Das ist aber keinesfalls nötig.

Machen Sie Ihrem Kind klar, dass es mit seinem Handy genau so ausgestattet ist, wie das für Kommunikation und digitale Mediennutzung nötig ist. Wahrscheinlich sind die Handys und PCs der Eltern etwas älter und somit nicht ganz so marktfrisch wie die der Jugendlichen. Hört die Quengelei nicht auf, dürfen Sie gern darauf hinweisen, dass »Angeberei keinen besseren Menschen macht“.

Diskutieren Sie das Thema einmal und ausgiebig. Spätere Verhandlungen bringen kein besseres Ergebnis. Das Vorhandene genügt. Besprechen Sie diesen Wettstreit gerne mit anderen Eltern. Brüsten die sich ebenso wie ihre Kinder, dann verfolgen sie ein anderes Erziehungskonzept. Diesem müssen und sollten Sie nicht folgen, wenn es nicht für den gemeinsamen Alltag und die schulischen Leistungen nötig ist.

Situation Drei: Schularbeiten ohne Laptop und Hausarbeiten ohne Pausen am PC fallen Ihrem Kind schwer.

Wenn Hausaufgaben ständig für eine Handyzeit unterbrochen oder ganz vernachlässigt werden, müssen Sie alarmiert sein. Auch flüchtiges Erledigen von häuslichen Pflichten oder ständige Nervosität während der gemeinsamen Familienfreizeit können Anzeichen einer beginnenden Mediensucht sein. Je früher Sie das besprechen, desto besser können Sie Ihr Kind vor einem Abdriften schützen.

Leider erfüllen digitale Medien genau diejenigen Bedürfnisse, die gerade während der geistigen Entwicklung in der Pubertät stark sind. Anerkennung, neue Erfahrungen machen, neue Menschen kennenlernen, sich ausprobieren, die eigene Wirkung in der Anonymität des WWW erleben – mit einem Klick sind sie zu haben.

Es ist wichtig, Ihrem Kind immer klarzumachen, wie oberflächlich und kurzlebig solche virtuelle Befriedigung ist. Wenn sich das deutlich abhängige Verhalten verstärkt, sind klar definierte Pausen vom Netz legitim. Erklären Sie allerdings, dass es sich keinesfalls um eine Bestrafung handelt. Und fühlen Sie sich nicht schuldig, wenn Sie dafür von Ihrem Kind beschimpft werden. In diesem Fall müssen Sie Ihre ganze Autorität als Eltern aufbringen.

Bei allen Situationen gilt:

Die exzessive Nutzung digitaler Medien beeinflusst Jugendliche in ihrer Entwicklung. Sie ist nötig für den modernen Schulunterricht, angenehm zuweilen während der Freizeit. Doch kleingeredet ist das Risiko der frühen Internetsucht. Hier helfen am besten Aufklärung, Nutzungseinschränkung und Reden. Wenngleich mit Augenrollen, helfen Sie Ihren Kindern damit, sich selbst vor späterem Schaden zu bewahren.

Problem Zwei: Soziale Netzwerke als emotionales Labor für reale Empfindungen

Kinder in der Pubertät befinden sich emotional auf großer Fahrt. Der Ozean ist das Leben mit all seinen Eindrücken, die vorher eher nebenbei wahrgenommen wurden. Jetzt stürmt die ganze Bandbreite zwischen Gut und Schlecht auf das Gemüt Jugendlicher ein. Und erst die Möglichkeiten, sich selbst online zu sortieren! Diese Last der Entwicklung können und sollen Sie nicht von den Schultern Ihrer Kinder nehmen.

Es ist normal, in dieser Altersphase dreimal täglich vor Freude in die Luft zu springen, um gleich darauf in Tränen zu schwimmen. Lassen Sie es zu und ermuntern Sie Ihre Kinder, diesen Gefühlsregen ebenfalls nicht zurückzuhalten. Gerade im sensiblen Bereich sozialer Netzwerke bieten sich plus tausend Varianten, die eigenen Gefühle anonym auszuprobieren.

Was geschieht, wenn ich dort jemanden beleidige, einer Person Komplimente mache, eigene Gedanken den Kommentaren anderer User überlasse? Wie ticken andere, wer dort könnte freundschaftlich gesonnen sein? Eltern können diesen Prozess nur begleiten, am besten, wenn es bereits eigene Erfahrungen mit Social Media gibt.

Lösungsideen

Beobachten Sie das Internetverhalten Ihrer Kinder. Wie im richtigen Leben erfolgen Reaktionen auf Lob oder Kritik unmittelbar. Euphorisches Verhalten nach PC-Zeiten müssen Sie nicht kommentieren. Freuen Sie sich über die offensichtlich glückliche, neue Erfahrung. Zeigen Sie Interesse an virtuellen Erfahrungen. Aber bitte werden Sie nicht zum Kontrollmonster.

Reagieren Sie auf erkennbaren Frust nach der Internetnutzung. Ihr Kind nimmt Gut und Böse im Internet ebenso ernst wie im realen Umfeld. Es ist Ihre Aufgabe, mit aller Erfahrung die Oberflächlichkeit virtueller Ermutigung oder Anfeindung klarzumachen. Eine gute Ablenkung sind kurze Auszeiten, beispielsweise ein gemeinsamer Spaziergang oder Spieleabende ohne PC.

Betonen Sie immer und immer wieder, wie viel wichtiger echte emotionale Auseinandersetzungen sind. Hass und Häme im Internet sind schnell dahingeschrieben. Die Kommentatoren verstecken sich hier in der Gewissheit, dass sie sich nicht in echt mit der Reaktion auf ihr Verhalten auseinandersetzen müssen. Zeigen Sie als Eltern echte Emotionen. Hier und nicht im Netz sind die Menschen, mit denen Ihr Kind tagtäglich bis lange über die Pubertät hinaus in Kontakt steht.

Spielen Sie Berichte über missbilligende Social-Kommentare nicht herunter. Das eine ist die Erklärung zur Unwichtigkeit. Doch in der Pubertät reicht schon ein neutraler Kommentar oder ein nicht vergebener Like, um plötzlich völlig die Fassung zu verlieren. Hören Sie sich den Frust Ihrer Kinder an und lachen Sie nicht darüber. Was Ihnen belanglos erscheint, ist für Ihr Kind aktuell eine ganze Welt, die einstürzt. Zuhören ist jetzt besser als kommentieren.

Stellen Sie sich selbst nach besten Kräften als emotionales Labor zur Verfügung. Eltern haben längst gelernt, die eigenen Emotionen nicht nach außen zu tragen. Das ist ja auch o.k., um sich zu schützen und anderen Menschen nicht Unrecht zu tun. Aber wenn Sie sich emotional verstecken können, haben Sie auch die Stärke, sich dem Gefühlssturm Ihrer Kinder auszusetzen. Stecken Sie flüchtige Beschimpfungen weg und reagieren Sie auf positiven Zuspruch gerne selbst euphorisch. Damit geben Sie Feedback, das eine positive Lebenseinstellung in diesem Alter fördert.

Halten Sie sich mit Moralpredigten zurück. Alles Gerede mit aller Vernunft richtet nichts gegen das emotionale Wechselbad zwischen

Realität und virtueller Erfahrung aus. Moralpredigten gehen sowieso momentan zum einen Ohr hinein und zum anderen wieder hinaus. Akzeptieren Sie besser die derzeitigen Schwankungen. Klar dürfen Sie bei allem Verständnis einen wertschätzenden Umgang mit sich selbst und anderen echten Kontakten konsequent verlangen.

Praxisbeispiele

Situation Eins: Ihr Kind lässt ein längst vereinbartes Treffen mit Gleichaltrigen platzen.

Seit Wochen liegt Ihnen Ihr Kind im Ohr, wie wichtig dieses Treffen ist und dass es sich diese Party auf keinen Fall »versauen lässt«. Knapp vor dem Termin zum Weggehen oder Abholen hören Sie: »Ach übrigens, ich gehe heute da nicht hin.« Auf Nachfrage bekommen Sie nur ein »keinen Bock« zu hören.

Dieser plötzliche Sinneswandel kann alles Mögliche bedeuten. Vielleicht gab es inzwischen Streit zwischen den Jugendlichen. Es ist aber auch möglich, dass ein virtueller Kontakt plötzlich meilenweit in der emotionalen Bedeutung über dem geplanten Treffen steht.

Tasten Sie sich an den Grund der Absage vorsichtig heran. Nachbohren um jeden Preis führt zu keinem Ziel. Sie könnten aber bei passender Gelegenheit mal nach dem Befinden der Freundin oder des Freundes fragen. Auf keinen Fall sollten Sie immer wieder auf so erwachsenen Themen wie Zuverlässigkeit herumhacken. Damit ändern Sie weder die Absage noch mögliche Sinneswandel bei künftigen Situationen.

Situation Zwei: Bei gemeinsamen Ausflügen klickt ständig die Handy-Kamera.

Schöne Fotos von Ausflügen sind o.k. Hat Ihr Kind aber schon nach einer halben Stunde mutmaßlich einen Tennisarm und steifen Nacken von der Knipserei, nervt das alle und verhindert jede vernünftige Unterhaltung. Gegen diese innere Abwesenheit dürfen Sie als Eltern gerne einschreiten.

Ein Handyverbot ist allerdings Unsinn. Sie möchten Ihr Kind ja nicht bestrafen, sondern lediglich von der Handyperspektive in die wirklichen Eindrücke zurückholen. Wenn das durch freiwillige Bitte zum Wegstecken nicht gelingt, stellen Sie für alle beim Ausflug Regeln auf.

Beispielsweise können Sie vereinbaren, dass nur an bestimmten Punkten Fotos geknipst werden. Auf einer Wanderung lässt sich ausmachen, dass alle zunächst die Umgebung erkunden, sich sehenswerte Punkte merken und diese am Rückweg fotografieren. Natürlich müssen Sie sich auch selbst an diese Regel halten.

Situation Drei: Sie bekommen einen Elternbrief, weil Ihr Kind nicht in der Schule erschienen ist.

Schule schwänzen hat ernsthafte Hintergründe. Diese müssen Sie ganz erwachsen nachfragen. Ein Argument wie »Das Zeug brauch ich doch im Leben nie wieder« zählt nicht. Auch Frust über einen Lehrer oder Widerwille gegen ein bestimmtes Schulfach sind keine akzeptable Entschuldigung.

Fast immer steckt eine Auseinandersetzung in der Gruppe Gleichaltriger hinter dem Schwänzen. Und heutzutage spielen sich diese immer öfter im Internet ab. Kinder in der Pubertät nehmen Missbilligung oder gar Mobbing ihrer Gruppe sehr ernst. Daraus entstehen Angst und bei Anhalten solcher Befindlichkeiten sogar depressives Verhalten.

Erklären Sie Ihrem Kind, dass regelmäßiger Schulbesuch ein Teil der

Entwicklung gesellschaftlicher Verantwortung ist. Im Arbeitsleben kann unentschuldigtes Fehlen rasch zur Kündigung und somit ins soziale Aus führen. Laden Sie stattdessen dazu ein, über die konkrete Angst oder die auslösende Situation freiwillig in aller Ruhe zu reden. Mit zunehmendem Leidensdruck sind die meisten Jugendlichen dankbar für ein solches Angebot.

Bei allen Situationen gilt:

Verlangen Sie nicht von Ihrem Kind, was Sie in Ihren eigenen Gewohnheiten nicht konsequent einhalten. Vielleicht ist Ihre Aufmerksamkeit mit dem medialen Umgang der Jugendlichen ja eine Möglichkeit neuer Achtsamkeit für sich selbst. Passen Sie Regeln so an, dass Ihr Kind eine zeitliche Einschränkung nicht als Strafe missversteht. Bleiben Sie in jeder Situation immer als Ansprechpartner präsent. Damit können Sie ohne eigene Wertung von Emotionen die Aufs und Abs in ihren schlimmsten Spitzen gut abfangen.

Problem Drei: Mediensucht und wie Sie sie früh erkennen

Zum gesunden emotionalen Leben gehören aktive Zeiten im Wechsel mit Entspannung. Am Beginn einer Mediensucht verändert sich diese Balance. Jugendliche sind ständig nervös, mit allen Situationen im Alltag unzufrieden, bei Ansprache sogar gereizt und schlimmstenfalls aggressiv.

Am Anfang einer Mediensucht steht die Neugier auf neue Technologien. Schulkameraden erzählen von der neuesten Spielekonsole oder laden zum Gruppen-Gaming ein, wofür Ihr Kind noch nicht die richtige Technik besitzt. Oft müssen Sie sich bei einem »Nein« für solche Neuanschaffungen sogar vor der Verwandtschaft verteidigen.

Den Stecker der sozialen Medien und Netzwerke können Sie schon aus schulischen Gründen nicht komplett ziehen. Denn trotz der Risiken ist das frühe Erlernen des richtigen Umgangs wichtig für die spätere berufliche und private Entwicklung. Allerdings muss kein Kind in der Pubertät das alles jetzt sofort und als Dauerbeschäftigung lernen.

Lösungsideen

Lassen Sie sich von Verwandten bei Ihrer Entscheidung nicht in die Rechtfertigungsposition drängen. Wenn Erwachsene von ihrer eigenen Meinung überzeugt sind, möchten sie allzu gern auch andere unbedingt davon überzeugen. Aber wenn Sie sagen, Ihr Kind braucht diese oder jene Neuanschaffung nicht, dann ist das Ihre Meinung. Nur die zählt bei der Erziehung Ihres Kindes. Rechtfertigen müssen Sie sich dafür vor niemanden. Eine Erklärung sind Sie einzig Ihrem Kind schuldig und in einer Beziehung dem anderen Elternteil.

Reden Sie mit Ihrem Kind über das gesunde Maß der Internetnutzung. Im Gegensatz zu Diskussionen mit Verwandten hat Ihr Kind sehr wohl ein Recht darauf, Ihre Gründe für Beschränkungen zu kennen. Erinnern Sie gerne an Interessen, die vorher wichtig waren und plötzlich vergessen scheinen. Hören Sie sich auch die Argumente Ihres Kindes in Ruhe und zunächst ohne Wenn und Aber an. In der Mitte beider Meinungen liegt meist eine Lösung, mit der sowohl pubertierende Jugendliche als auch Eltern zufrieden sind.

Beobachten Sie das Verhalten Ihres Kindes vor und nach Internetzeiten. Wenn es vorher hektisch seine Hauspflichten erledigt oder gar mit dem Hinweis auf Zeitdruck verweigert, ist dies ein Indiz für süchtiges Verhalten. Wirkt Ihr Kind hinterher geistesabwesend, antwortet zerstreut oder blockt Gespräche ganz ab, ist es Zeit für einen Cut. Natürlich ist ein komplettes Medienverbot unsinnig. Aber gerne dürfen Sie für den Rest des Tages eine Auszeit abfordern – die Gereiztheit legt sich dadurch oft durch die fehlende Aussicht auf eine Fortsetzung des Internetgebrauchs für diesen Tag oder Abend.

Nörgeln Sie nicht ständig am Internetinteresse Ihres Kindes herum. Je sperriger Sie auf die PC-Gewohnheiten reagieren, desto trotziger wird es diese verfolgen – oft über sein eigentliches Interesse hinaus. Zeigen Sie sich interessiert, aber bohren Sie nicht ständig nach. Bestenfalls erfahren Sie mit dieser Strategie beiläufig von den heutigen News in der virtuellen Erlebniswelt.

Bleiben Sie über die aktuelle Mediennutzung immer im Gespräch mit Ihrem Kind. Und wenn Sie schon Schwärmereien über Influencer und Meinungsberichte über Facebook- oder Instagram-News nerven: Hören Sie sich alles an und begleiten die Gefühlswelt Ihres Kindes zumindest mit ständiger Offenheit. Meist wollen Jugendliche nur von ihren Emotionen erzählen, aber keine Meinung der aus ihrer Sicht »alten Erwachsenen« dazu hören. Natürlich dürfen Sie selbst kommentieren, wenn Ihr Kind im Gespräch danach fragt. Damit schaffen Sie die Vertrauensbasis, die Sie schon vorher hatten, auf einer neuen Ebene.

Praxisbeispiele

Situation Eins: Verwandte schenken ungefragt eine neue Spielkonsole.

Sie haben das Thema solcher Neuanschaffungen bereits endlos im Familienkreis diskutiert. Trotzdem liegt die Konsole unter dem Weihnachtsbaum. Ihr Kind gibt sie natürlich nicht wieder her. Schlimmstenfalls hören Sie sogar, dass »die Tante X und der Onkel Y eben viel mehr Ahnung von meinen Wünschen haben".

Diskutieren Sie diese Überschreitung keinesfalls vor Ihrem Kind aus. Sie dürfen aber verlangen, dass das Geschenk nicht sofort ausprobiert wird. Vielmehr dürfen Sie jetzt gerne die Verwandten in ihre Schranken weisen. Wenn die beleidigt reagieren, ist das nicht Ihr Problem. Schließlich hatten Sie frühzeitig die Anschaffung abgelehnt. Erneute Rechtfertigung ist überflüssig.

Mit Ihrem Kind sollten Sie später – ohne die Verwandten – unter vier Augen Regeln für die Konsolennutzung aufstellen. Verlangen Sie, beim ersten Ausprobieren des Spiels/der Spiele dabei zu sein. Vielleicht ist es ja eines mit Lern- und Spaßeffekt. Dann ist gelegentliches Spielen o.k. Ist es aber eines von diesen sinnfreien Baller-Games, darf es gerne sofort und ausdrücklich von der Konsole verbannt werden.

Situation Zwei: Bei einer Unterhaltung bekommen Sie Antworten und Kommentare in PC-Sprache.

Sie sitzen beim Frühstück und bekommen als Antwort Abkürzungen in Jugendsprache statt vernünftiger Sätze zu hören. Ihre Bitte, doch vernünftig zu sprechen, wird höchstens mit einem Daumen nach unten oder eisigem Schweigen beantwortet.

Dieses Abdriften in PC-Sprache ist ein sicheres Zeichen für eine beginnende Abhängigkeit vom medialen Online-Umgang. Eventuell braucht Ihr Kind jetzt eine Auszeit, um sich emotional in die Wirklichkeit zurückzufühlen. Es genügt allerdings, dass Sie Ihre Beobachtung beschreiben und nicht gleich ein Internetverbot verordnen.

Widersinnig wäre ein Beanstanden, wenn Sie selbst schon ganz erpicht auf das nächste Onlineshopping oder Ihren eigenen Austausch in sozialen Netzwerken sind. Bei der medialen Erziehung Jugendlicher gilt: Gleiches Recht für alle. Was Sie den Kindern in diesem emotional verwirrenden Alter abverlangen, leben Sie bitte auch selbst durch Verzicht und Zurückhaltung in der Mediennutzung vor.

Situation Drei: Ihr Kind erzählt begeistert von einer Internetbegegnung.

Klar sind Internetkontakte immer ein anonymes Risiko. Doch ehrlich: Gehen Sie als Eltern solche Risiken nicht dann und wann selbst ein? Hören Sie sich die Erzählung gerne ohne Kommentare geduldig an. Meist verschwindet eine solche Schwärmerei so schnell, wie sie gekommen ist.

Gibt es keine Folgeerzählungen, fragen Sie gelegentlich nach dem Stand des Kontakts. Wiegelt Ihr Kind ab, hat sich die Begeisterung schon wieder verflüchtigt. Hält sie an, ist das kein Grund für Verbote. Vielleicht tut die Internetbegegnung den Emotionen Ihres Kindes ja gut.

Tatsächlich gibt das Internet in seiner positiven Ausprägung oft Bestätigung für unsichere Jugendliche, die sie im nichttechnischen Alltag nicht bekommen oder als weniger wertvoll einstufen. Mancher Lernfrust ist durch solchen fruchtbaren Austausch von selbst wieder in Ehrgeiz und Lernfreude umgeschlagen. Lassen Sie mit Offenheit und eigener Freude ein solches Abenteuer zu.

Bei allen Situationen gilt:

Keine andere Erziehungsfrage wird so kontrovers diskutiert wie der Einfluss des Internets auf die Seelenwelt von Kindern in der Pubertät. Ebenso kontrovers sind die Erziehungsversuche, außerdem abhängig von den Wertvorstellungen in der jeweiligen Familie. Einzige Anhaltspunkte im »emotionalen Labor« geben Ihnen Konsequenz im eigenen Umgang, Offenheit für die neue Erlebnisebene Ihres Kindes und Achtsamkeit für mögliche, bedenkliche Verhaltensänderungen.

Problem Vier: Cybermobbing und der Einfluss auf die Realität

Mobbing ist das bewusste Belästigen, Beleidigen und Bedrohen einzelner Personen durch andere Einzelpersonen oder Personengruppen. In der nicht technischen Realität gibt es verschiedene Möglichkeiten, Mobbing aufzudecken und zu bekämpfen.

Im Internet erreicht es allerdings ein anderes, deutlich verletzenderes Niveau. Cybermobbing ist gerade in der Pubertät ein schwerwiegendes Thema. Schlimm daran ist die Rolle von Opfern und Tätern. Im echten Leben ist diese Rollenverteilung auf wenige Personen und Personengruppen beschränkt, online schier unüberschaubar.

Durch den Umgang mit Medien kommt jedes Kind in der Pubertät irgendwann unwillkürlich mit Cybermobbing in Berührung. Ihre Aufgabe als Eltern ist möglichst früh – am besten schon vor der Pubertät oder in der Frühpubertät – Aufklärung. Falls bereits Mobbingfälle im schulischen Umfeld bekannt sind, ist der Redebedarf genau jetzt enorm hoch.

Lösungsideen

Erklären Sie Ihrem Kind die Folgen von Mobbing. Nutzen Sie dafür die aktuelle emotionale Achterbahnfahrt in der Pubertät. Versuchen Sie, das Cybermobbing aus der Gefühlswelt möglicher Opfer zu erklären. Weisen Sie auch auf so drastische Folgen wie Angststörungen, sozialen Rückzug, Depressionen und sogar Suizid-Gefahr bei den Opfern hin.

Dulden Sie keine Ansätze von beleidigendem Verhalten im echten Leben. Es ist o.k., einem Kumpel den Vogel zu zeigen oder ihn im üblichen Wortgebrauch Jugendlicher zu beleidigen. Artet dies aber in eine beleidigende oder gar bedrohliche Zusammenrottung der ganzen Gruppe oder Klasse aus, ist es eine starke emotionale Verletzung mit oft lebenslangen Folgen. Erklären Sie ausdrücklich, dass dies nicht Ihren familiären, sozialen und gesellschaftlichen Wertevorstellungen entspricht.

Besprechen Sie mit Ihrem Kind Grenzüberschreitungen im Einzelfall. Erfahren Sie von einem konkreten Fall von Cybermobbing, bitten Sie Ihr Kind um Einblick in dessen Chatverlauf, auf das Smartphone und am PC. Schauen Sie bitte niemals heimlich nach. Freiwillige Aufgabe der Privatsphäre ist viel förderlicher für einen vertrauensvollen Umgang.

Bleiben Sie ständig im Gespräch. Vielleicht kennen Sie das Opfer und mögen es selbst nicht besonders. Das dürfen Sie Ihrem Kind gern vermitteln. Dennoch berechtigt diese Antipathie nicht zu Cybermobbing, sei es als Beobachter oder gar Mittäter. Über solche fatalen Rollen in der anonymen Häme müssen Sie Ihr Kind ständig neu aufklären – es sei denn, es geht bereits selbst aktiv dagegen vor.

Ermutigen Sie Ihr Kind, Ihnen von bekannt gewordenen Cybermobbing-Fällen zu berichten. Kennen Sie die Täter, ist es Zeit für ein Gespräch mit deren Eltern. Am besten machen Sie dazu mit Ihrem Kind Screenshots von den hässlichen Kommentaren. Denn die Täter werden vor ihren Eltern niemals die Tat oder Beteiligung zugeben. Stellen die Eltern auf stur, sprechen Sie die Lehrer an. Helfen die nicht, kann eine Meldung der Vorfälle beim Seitenbetreiber zumindest zum Löschen entsprechender Einträge führen und damit in vielen Fällen das Cybermobbing beenden.

Verzichten Sie auf Verbote. Natürlich darf Ihr Kind im vereinbarten Rahmen weiterhin im Internet unterwegs sein. Es ist ja nun von Ihnen aufgeklärt. Verbieten heißt Verschweigen und ändert nichts am Cybermobbing. Besser ist in konkreten Fällen Beobachten, Reden und notfalls Melden, bevor die Opfer irreparabel emotional verletzt sind.

Praxisbeispiele

Situation Eins: Ihr Kind erzählt Ihnen von einem Mobbingfall in seiner Schulklasse.

Cybermobbing beginnt fast in allen Fällen als reales Mobbing. Schnell wird ein Mitschüler zum Außenseiter, von den einen angestänkert, von anderen beleidigt und von Dritten sogar bedroht. Vielleicht berichtet Ihr Kind auch davon, dass es Angst hat, darauf zu reagieren, um nicht selbst das nächste Opfer zu sein.

Hören Sie zunächst aufmerksam zu. Wie weit ist das Mobbing gegangen, seit wann findet es statt? Sobald dies möglich ist, bitten Sie Ihr Kind um Screenshots oder machen selbst welche von den Beleidigungen. Suchen Sie mit diesem Beweismaterial die Eltern auf. Reden die den Vorfall klein, suchen Sie den Kontakt zum Klassenlehrer oder den Sozialpädagogen der Schule.

Zeigen Sie durch Ihre Unterstützung Ihrem Kind, dass Beobachter nur eines falsch machen können: nämlich nichts zu tun. Viel besser zum Beenden der dreisten Angriffe ist Reagieren, so direkt und schnell wie möglich. So lernt Ihr Kind, dass Sie ihm ebenfalls beherzt beistehen werden, sollte es selbst betroffen sein.

Situation Zwei: Ihr Kind berichtet nebenher von einem Fall des Cybermobbings gegen bekannte Gleichaltrige.

Vielleicht kennt Ihr Kind ein Mobbingopfer nur nebenbei, sieht aber Angriffe durch Cybermobbing in seinen sozialen Netzwerken. Es berichtet darüber und verfolgt den Chatverlauf ohne eigene Kommentare eifrig. Jetzt sind Sie als vernünftige Eltern und Aufklärer gefragt.

Beobachten ist beinahe so schlimm wie aktives Mobben. Je mehr sich Täter in der Anonymität des Internets beobachtet fühlen, desto stärker fühlen sie sich zu immer dreisteren Angriffen ermutigt. Sie erfahren dadurch Bestätigung, solange niemand einschreitet.

Loben Sie ihr Kind für dessen Aufrichtigkeit. Machen Sie aber auch klar, dass ständiges Mitverfolgen Öl ins Feuer des Cybermobbings gießt. Ermutigen Sie Ihr Kind, entweder mit verteidigendem Kommentar anonym beizuspringen oder den Kontakt zum bekannten Opfer zu suchen. Manchmal hilft schon eine private Nachricht im Kanal wie »Lass dich nicht unterkriegen« oder »Magst du reden", um die Angst- und Kummerstarre der Opfer zu durchbrechen.

Situation Drei: Ihr Kind wirkt zurückgezogen, schreckhaft und ängstlich.

Leider sind Täter bei ihrem Vorgehen nicht nur dreist, sondern hochaggressiv. Cybermobbing verstehen sie als persönlichen Feldzug, an dem sich möglichst viele anonyme User in ihrem Sinne beteiligen. Würde Ihr Kind jetzt mit einem Gegenkommentar aktiv werden, kann es rasch selbst zum nächsten Opfer werden.

War ihr Kind vorher über Cybermobbing aufgeklärt, sucht es fast immer rasch den Kontakt zu Ihnen als Vertrauensperson. Rutscht es ohne Vorwarnung in die Opferposition, schämt es sich vielleicht dafür, hat Angst vor erneuten Angriffen und kommt überhaupt nicht mehr zur Ruhe.

Verstärkt wird diese emotionale Verletzung durch die örtliche und zeitliche Ungebundenheit der Angriffe. In jeder Sekunde kann ein neuer Hasskommentar oder gar eine Drohung auf dem Smartphone oder PC eingehen. Fragen Sie immer gleich nach und bleiben Sie hartnäckig, wenn Sie eine solche Veränderung an Ihrem Kind feststellen.

Bei allen Situationen gilt:

In der Pubertät richten sich Wertevorstellungen Ihres Kindes neu aus. Zum Teil gilt das als nachahmenswert, was die Gruppe Gleichaltriger vorgibt. Teilweise stehen Eltern auf dem emotionalen Prüfstand. Cybermobbing fordert alle Aspekte auf besonders drastische Weise heraus. Bleiben Sie daher in allen Situationen ständiger Gesprächspartner, ohne in ein Kontrollverhalten zu verfallen. Geben Sie Tipps zur Selbsthilfe und ziehen dann alle elterlichen Register, wenn Sie Ihr Kind aktiv darum bittet. Unternehmen Sie nie etwas ohne vorherige Ankündigung. Nur so bleibt Ihr Miteinander vertrauensvoll genug, um Cybermobbing gar nicht erst ausufern zu lassen.

STRATEGIE 5

Verbieten oder verbiegen: Wenden Sie Verbote und Regeln richtig an

Erinnern Sie sich: Die Liste verbotener Aktivitäten in Ihrer Kindheit war länger als die Haare Ihrer Nachbarin. Hand aufs Herz: Haben Sie sich an diese Verbote gehalten? Falls nicht, konnten Sie bestimmt durch Schweigen und Schwindeln manche pubertäre »Missetat« erfolgreich verheimlichen.

Daran hat sich auch in der heutigen Zeit der Pubertät nichts geändert. Die Gewohnheit, sich Ihren elterlichen Verboten zu widersetzen, scheint für Ihr Kind ein regelrechter Sport zu sein. Aber welchen Zweck hat dann Verbieten überhaupt noch?

Ein Verbot sollte immer verhältnismäßig zum Verhalten Ihres Kindes sein. Es ist dann sinnvoll, wenn es Ihr Kind vor Nachteilen schützt, die Wertevorstellungen in der Familie wahrt und erlaubte Alternativen anbietet. Ein klar definiertes Maß für das richtige Verbieten lässt sich nicht festlegen. Aber mit ein paar Lösungsideen können Sie Probleme beim Verbieten und das richtige Setzen von Grenzen individuell lösen.

Problem Eins: Verbote ja, aber nicht als Generallösung

Ein Leben lang hat Ihr Kind gelernt, dass die Hand in der heißen Pfanne nicht gut ist, es sich morgens und abends die Zähne putzen soll und Türenknallen gänzlich untersagt ist. In der Pubertät sucht es nach mehr Freiheit und weniger elterlichen Vorschriften.

Sie als Eltern müssen sich an den emotionalen Mischzustand Ihres Kindes und dessen starke körperliche und seelische Veränderungen gewöhnen. Sie geben nach und nach mehr Freiheit, nehmen nicht alles persönlich und bangen täglich um den geraden Weg, auf dem Sie sich Ihr Kind wünschen.

Das richtige Maß an Verboten in der Pubertät hängt vom Verhalten Ihres Kindes und den Erwartungen in der Familie ab. Statt zu verbieten, können Sie auch eine Wenn-dann-Situation schaffen. Auf die Möglichkeit, eine verbotene Aktivität durch eine erlaubte auszutauschen, gehen viele Teenager gerne ein.

Lösungsideen

Übertreiben Sie es nicht mit Regeln und Verboten. Das Zusammenleben in einer Familie besteht aus einem ständigen Miteinander von Gewohnheiten, Aufgaben und Verhaltensregeln. Wenn Ihr Kind in der Pubertät manche Regeln über den Haufen schmeißt – bestehen Sie nur auf der Einhaltung, wenn die Missachtung Nachteile für die Familie und Ihr Kind hätte.

Lassen Sie Leine. Viele Dinge verbieten Sie, um Ihr Kind vor Konsequenzen zu schützen. Aber das klappt in der Pubertät nicht mehr. Jugendliche wollen und sollen sich ausprobieren. Nur so finden sie einen für sich und andere akzeptablen Platz im sozialen und gesellschaftlichen Umfeld. Konsequenzen wie Absagen, Bestrafungen oder Ablehnung muss Ihr Kind ab jetzt selbst aushalten. Darüber reden dürfen Sie jederzeit gerne.

Halten Sie Verbote nur pro Situation aufrecht, niemals wie in Stein gemeißelt. Kinder ändern sich so wie die Familie selbst auch. Manches, was gestern falsch war, spielt jetzt eine viel kleinere Rolle. Warum also weiterhin auf einem Verbot beharren? Vielleicht ist ein neues Regelwerk sinnvoller, das für alle Beteiligten Entlastung und Freiraum bedeutet.

Erklären Sie Verbote so, dass sich Ihr Kind beschützt statt bestraft fühlt. Oft erteilen Eltern spontane Verbote aus persönlicher Verletztheit heraus oder als Machtdemonstration. Auch und besonders in der Pubertät entlarven Kinder solche Gründe wie ein Emotionenscanner. Sie nehmen diese Art von Verboten nicht ernst und umgehen sie geradezu mit Feuereifer.

Bleiben Sie emotional flexibel, wenn Verbote nicht eingehalten werden. Gar nichts verbieten ist auch in der Pubertät unmöglich für ein angenehmes Zusammenleben als Familie. Alles erlauben geht aber auch nicht. Der Mittelweg sind sinnvolle Verbote, die auch einmal verändert oder aufgehoben werden können. Beim Missachten der Verbote müssen Sie nicht ausflippen oder beleidigt sein. Sprechen Sie darüber und nehmen auf keinen Fall die Missachtung persönlich.

Eine gute Alternative zu Verboten ist ständig offene Absprache. Kinder in der Pubertät sind oft Gesprächsmuffel, störrisch, abweisend, zurückgezogen. Aus solchen Tendenzen holen Sie sie durch ein ständiges Gespräch immer wieder heraus. Auch werden Bitten um gewisse Regelachtung und das Angebot von erlaubten Alternativen oft gerne angenommen. Denn auch wenn Ihr Kind Sie als »Stressmaker« beschimpft: Im Grunde fühlt es sich erwachsen behandelt (also in seinem Sinne als vernünftig anerkannt), wenn es über Verbote mitdiskutieren darf.

Praxisbeispiele

Situation Eins: Sie müssen mal wieder erraten, wo Ihr Kind gerade ist.

Beim Weggehen und Heimkommen ohne An- und Abmeldung denkt Ihr Kind nur über seine Eigenständigkeit nach. Es will der elterlichen Kontrolle entrinnen, hält diese jetzt für übertrieben oder überflüssig. Klar kann es auf sich selbst aufpassen.

Für Sie als Eltern ist diese Regel aber Teil der familiären Struktur. Zumindest ist es beruhigend zu wissen, wo die anderen Familienmitglieder gerade sind. Vielleicht würden Sie ungewollt im Bad stören oder Ihr Kind überraschend nicht im Jugendzimmer antreffen. Es könnte ja auch etwas passiert sein.

Diese Regel gilt nicht nur für Kinder in der Pubertät, sondern in einer intakten Familie auch für alle Erwachsenen. Erklären Sie dies Ihrem Kind, damit es den Sinn dahinter nicht als Kontrolle oder Maßregelung versteht. Um Sie zu beruhigen und nicht genervt zu werden, wird es meist gerne darauf eingehen.

Situation Zwei: Regelmäßig kommt Ihr Kind erst um 22:00 Uhr statt wie verabredet um 21:00 Uhr nach Hause.

Macht Ihr Kind das absichtlich? Will es seine Eigenständigkeit beweisen, Sie ärgern oder einfach ignorieren? Möglicherweise steckt etwas anderes dahinter. Ausgehen am Abend erfolgt fast immer in der Gruppe Gleichaltriger.

Freunde im Jugendalter kommen und gehen gemeinsam zu ihren Treffpunkten. Das ist gut für die Sicherheit und förderlich für den sozialen Zusammenhalt. Doch feste Uhrzeiten nach den Vorstellungen der Eltern lassen sich nicht wie in einer Herde einheitlich festnageln.

Reden Sie mit Ihrem Kind und den anderen Gleichaltrigen. Hören Sie sich deren Gründe für die verschobene Rückkehr an. Sind die o.k., geben Sie sich einen Ruck und passen Ihr Ausbleibe-Verbot einfach an. So kommen Sie Ihrem Kind entgegen, und es kann Ihre Regel einhalten, ohne dafür vor Gleichaltrigen als bevormundet dazustehen.

Situation Drei: Das Smartphone ist am Esstisch verboten. Ihr Kind sitzt stattdessen mit Ear-Buds am Tisch.

Der vernünftige Hintergrund dieser Absprache ist der soziale Austausch beim Essen. Außerdem wird das Essen selbst besser wahrgenommen, wenn diese Zeit nicht durch den laufenden Fernseher oder Streaming-Sequenzen auf Smartphones gestört wird. Mit Buds umgeht Ihr Kind eindeutig diese Absprache.

Buds sind so winzig, dass die Ihnen als Eltern möglicherweise nicht sofort auffallen. Spätestens, wenn sich Ihr Kind ans Ohr fasst, wenn es etwas gefragt wird, schauen Sie besser genauer hin. Denn diese kleinen Dinger im Ohr sind nichts anderes als Kopfhörer mit Funkverbindung zum Smartphone.

Meckern Sie jetzt nicht. Schmunzeln Sie lieber über den Versuch, die Absprache heimlich zu umgehen. Erklären Sie keinen Grund, sondern erweitern die Absprache einfach »Damit meine ich auch die Buds.« In der Regel gibt es keinen zweiten Versuch dieser Art, wenngleich hin und wieder zähneknirschend.

Bei allen Situationen gilt:

Verständnis fördert die geistige und seelische Reife in der Pubertät besser als striktes Regelwerk. Mit offenen Gesprächen und anpassungsfähigen Absprachen kommen Sie jetzt leichter ans Ziel. Jugendliche fühlen sich von diesem Erziehungsmodell als junge Erwachsene ernst genommen. Weil ihnen dies wichtig ist, halten sie sich leichter an solche angebotenen Vorschriften als an Verbote. Wenn das nicht immer klappt, seien Sie nachsichtig – auch mit sich selbst und dem heimlichen Ärger über die vermeintliche Ignoranz. Häufig klärt ein Gespräch, dass das Überschreiten nur eine Gedankenlosigkeit war.

Problem Zwei: Verbieten ohne Kontrollhelikopter

Verbote und Regeln sind für Eltern gute Werkzeuge, ihre Kinder wohlbehalten durch die Kindheit zu manövrieren. Bis zur Pubertät vergehen viele Jahre in diesem für beide Seiten sicheren Fahrwasser. Doch jetzt wird es Zeit, die Strategie zu ändern. Dazu gehören eine große Portion Vertrauen und Selbstreflexion.

Verbote beruhigen Eltern. Sie werden aber schon von Kindern nicht zuverlässig eingehalten. Ab Beginn der Pubertät scheinen sie nur noch durch die Gehörgänge zu rauschen. Bestrafen hält kurzfristig von weiteren Übertretungen zurück. Danach allerdings werden Pubertierende ganz sicher noch stärker aus dem Korsett der Kindheit ausbrechen.

Im Problem zwischen verbieten und kontrollieren steckt eine Tücke: loslassen. Stark kontrollierte Kinder entziehen sich Ihnen bis hin zur völligen Entfremdung. Kinder gänzlich ohne Verbote schlagen womöglich einen für sich selbst schädlichen Entwicklungsweg ein. Doch auch für diese Erziehungstücke biete ich Ihnen Lösungsideen an, mit denen Sie und Ihre Kinder sich wohlfühlen.

Lösungsideen

Sprechen Sie Verbote nicht wie Befehle aus. Lauter sprechen, knapper befehlen und schlimmer kritisieren ist in der Pubertät Gift für das Vertrauen in der Familie. Pubertierende nehmen Bitten deutlich lieber an, als sich ihr Verhalten vorschreiben zu lassen.

Vertrauen Sie auf die Einhaltung von Verboten. Einmal hält sich ihr Kind an Absprachen, einmal nicht. Letzteres ist ein Zeichen von Eigensinn und Respektlosigkeit. In der Pubertät wechseln beide Verhaltensweisen wie Sonnenauf- und -untergang. Vertrauen Sie darauf, dass das im Laufe der Jugendentwicklung besser wird.

Überprüfen Sie keinesfalls die Verbotseinhaltung bei jeder Gelegenheit. Ja, Ihr Kind hält sich nicht an Verbote. Sie kontrollieren das selbst dann, wenn vermeintlich alles in Ordnung ist. Allerdings übersehen Sie beim Kontrollieren, dass Pubertierende erst einmal die Chance bekommen müssen, Absprachen einzuhalten. Wird ständig nachgeprüft, sind sie kaum motiviert, ihr Verhalten positiv zu verändern.

Erinnern Sie lieber an bereits vorhandene Regeln, statt immer neue auszugeben. Regelüberschreitung ist in der Pubertät normal, jedoch nicht immer gut für das familiäre Miteinander. Machen Sie Ihrem Kind im ruhigen Gespräch ohne Vorwürfe klar, dass nicht eingehaltene Regeln das Familiengefüge unnötig mit Stress belasten. Ermuntern Sie am besten durch die Erinnerung an passende Situationen an die schönen Konsequenzen eingehaltener Regeln.

Akzeptieren Sie neuen Freiraum. Nehmen Sie sich etwas Zeit und hinterfragen Ihre eigenen Verbote. Gibt es die, weil Sie das so beschlossen haben oder, um Ihr Kind vor einer Entwicklungstendenz oder Nachteilen zu beschützen? Wie viel Schutz ist jetzt noch nötig und möglich? Was könnte geschehen, wenn Sie dieses oder jenes Verbot einfach aufheben?

Vertrauen Sie auf Konsequenzen beim Umgehen von Verboten. Manchmal ist das Motto »Einfach machen lassen« heilsamer als jedes elterliche Regelwerk. Konsequenzen aus einem eigentlich verbotenen Verhalten folgen von selbst. Gerne dürfen Sie gemeinsam den Sinn eines Verbots hinterfragen und es – sofern der Situation angemessen – in eine neue, motivierende Regel umwandeln.

Praxisbeispiele

Situation Eins: Ihr Kind kehrt nach der Schule mit seinen Kumpels fast täglich im Kiosk am Heimweg ein.

Bisher haben Sie sich für die Heimkehr immer auf den Stundenplan und etwaige Fahrzeiten für die öffentlichen Verkehrsmittel verlassen. Vielleicht haben Sie ja eigene Pläne, sobald Ihr Kind heimgekommen ist. Die ständig spätere Rückkehr macht Sie nervös. Es könnte ja etwas passiert sein.

Ihr Kind betrachtet es als völlig normal, nach seinem Gutdünken heimzukommen. Es möchte zur Gruppe gehören, sich erst locker austauschen, bevor daheim Schularbeiten und Anweisungen warten. Auf die Ansprache und das ständige Wiederholen des Verbots im Befehlston ist es schon innerlich vorbereitet.

Fragen Sie stattdessen lieber, wie es am Kiosk war und wer dabei war. Sprechen Sie aus, dass Sie die pünktliche Heimkehr nicht als Disziplinübung erwarten, sondern sich Sorgen machen. Sie können als Mittelweg einen Anruf anbieten, wenn die Schule aus ist. Das spart Ihnen das ständige Nachsehen auf dem Stundenplan und Ihrem Kind die ständige Rechtfertigung für etwas Harmloses.

Situation Zwei: Es gilt die Regel, dass Ihr Kind jeden Samstag sein Zimmer aufräumt und putzt.

Klar fehlt in der Pubertät manchmal die Zeit zum Aufräumen. Der Samstag ist sowieso für Freundestreffen verplant. Mit schlechtem Gewissen kommt und geht Ihr Kind ständig. Mal räumt es auf, mal nicht. Und manchmal staubt es eben, wenn ein Buch vom Regal genommen wird.

Wenn Sie ständig im Zimmer die Einhaltung der Regel nachprüfen, fördern Sie die Verweigerung eher. Möglicherweise hat Ihr Kind ja schon am Freitag aufgeräumt oder am Mittwoch schnell kommentarlos durchgeputzt. Dafür erhält es aber kein Lob, weil das den Eltern nicht auffällt.

Sparen Sie sich den Hinweis auf Ihre Kontrolle und die ständige Wiederholung der Anordnung. Lassen Sie das Zimmer – egal in welchem Zustand – in Ruhe. Legen Sie die saubere Wäsche vor der Tür auf den Boden oder sammeln vergessene Utensilien aus dem Zimmer in einer Schale im Flur. Beide Beispielhandlungen motivieren stärker zum Aufräumen als jede Meckerei.

Situation Drei: Ihr Kind räumt die Geschirrspülmaschine nicht mehr ein und aus.

Ständig müssen Sie jetzt selbst nach dem Rechten schauen, damit genügend Geschirr für die nächste Mahlzeit sauber ist. Das nervt, weil die Geschirrspülmaschine doch eine fest verankerte Aufgabe für Ihr Kind war. Trotzdem machen Sie es selbst und schimpfen jedes Mal beim Essen über die Vergesslichkeit.

Ihr Kind wird die Aufgabe weiterhin vergessen, durch ständiges Genörgel vielleicht aus Trotz. Es lernt, dass seine Handlungen oder Unterlassungen egal sind. Mit der Kritik hat es zu leben gelernt. Die Konsequenz lernt es nicht kennen, weil Sie als Eltern diese aus dem Weg räumen.

Zugegeben macht diese Lösungsidee erst einmal Umstände: Bereiten Sie einfach nächste Mahlzeiten nicht nach Nährwert und Geschmack, sondern nach verfügbarem Geschirr und Besteck zu. Schon jetzt können Sie sich auf das lange Gesicht Ihres Kindes freuen. Denn die Konsequenz ist simpel: Kümmerst du dich um den Geschirrspüler, kümmere ich mich um die feine Mahlzeit. Gewiss ist dieses Praxisbeispiel eines, um das es in den endlosen Diskussionen während der Pubertät die wenigsten Wenns und Abers gibt.

Bei allen Situationen gilt:

Verbieten im Befehlston zeigt Ihrem Kind, dass es sowieso nichts richtig macht und trotz zunehmender Reife kein Mitspracherecht bekommt. Dauerkritik demotiviert es, eigenständig Regeln einzuhalten. Sowieso gilt im sensiblen Alter der Pubertät die Weisheit, »der Ton macht die Musik«. Werden Sie einfach gelassener und denken schon beim Erteilen von Verboten über solche Konsequenzen nach, die nicht als direkte Strafe der Eltern betrachtet werden.

Problem Drei: Kreative Umwege Jugendlicher um Verbote

Klar gibt es tausend Strategien, elterliche Verbote zu umgehen. Ebenso viele Strategien bringen Eltern auf, um sie wieder in Kraft zu setzen. Dabei verharren beide Seiten in ihrer für sich selbst geordneten Welt. Jedoch ist die Pubertät auf allen Ebenen pures Chaos. Umgangene Verbote sind dabei nur eines der Symptome.

Ein häufiger Mittelweg ist eine Grundsatzdiskussion, in der Vereinbarungen getroffen werden. Do's und Dont's werden eindringlich aufgelistet, in Härtefällen sogar schriftlich festgehalten, von Eltern und Kindern unterschrieben. Das soll helfen? Vergessen Sie die Idee, sie führt höchstens zu immer mehr Problemen.

Eltern müssen jetzt lernen, dass Verbote und Regeln in der Pubertät nicht in Stein gemeißelt sind. Was gestern hilfreich war, kann heute schon überflüssig und eher kontrollmotiviert sein. Kinder müssen lernen, dass sie mit dem Umgehen die Autorität ihrer Eltern in Frage stellen. Gleichzeitig ist das strikte Einhalten möglicherweise eine Zeitbombe. Hier lernen Sie einige Lösungsansätze kennen, die das familiäre Regelwerk für alle zu einem entspannenden Aspekt im gemeinsamen Alltag machen.

Lösungsideen

Was genau lassen Sie sich aktuell von wem verbieten oder vorschreiben? Betrachten Sie Ihre Verbote einmal aus einem neuen Blickwinkel. Wie viel Sinn machen die für die Jugendlichen? Welche Funktion erfüllen sie für Sie als Eltern?

Machen Sie aus einer entdeckten Verbotsumgehung kein endloses Kritikdrama. Besprechen Sie die Entdeckung, wenn Sie den Verstoß als schwerwiegend erachten. Aber lassen Sie auch die Argumente Ihres Kindes auf sich wirken. Vor allem: Setzen Sie einen Haken darunter. Geschehenes wird nicht ungeschehen, wenn Sie wochenlang immer wieder darauf herumreiten.

Fragen Sie erst nach, bevor Sie über Respektlosigkeit oder Enttäuschung referieren. Hat Ihr Kind wirklich aus mangelndem Respekt gehandelt oder sich durch das Umgehen vor der erwarteten Schimpferei gedrückt? Hatte Ihr Kind vielleicht einen Grund, der das eigentlich erteilte Verbot überflüssig macht? Vielleicht kann es gar keinen Grund benennen, war einfach gedankenlos. Akzeptieren Sie auch diese Antwort, sie ist authentischer als jede erfundene Ausrede.

Nehmen Sie sich eine gemeinsame Weile, um über den Sinn der umgangenen Verbote zu reden. Es ist jetzt Zeit, einen Ausflug in die halb fertige Gedankenwelt angehender Erwachsener zu machen. Vielleicht ist Ihr Kind ja reif genug, eigenverantwortlich innerhalb der Familieninteressen zu handeln. Bereiten Sie sich auf diesen neuen Schritt vor. Verhindern können Sie das nicht, aber möglicherweise gemeinsam eine für alle freiere gemeinsame Familienzukunft kreieren.

Beantworten Sie patziges Trotzverhalten keinesfalls mit eigener Sturheit. Trotzen und motzen gehört zur Pubertät. Es ist Abwehr gegen die Einmischung des Umfelds in die eigene Entdeckungsreise zu inzwischen erwachseneren Erfahrungen. Klar dürfen Sie sagen, dass Sie das Verhalten verletzt. Aber bitte seien Sie nicht dauerbeleidigt – das schraubt die Trotzspirale nur immer weiter nach oben.

Stehen Sie dazu, als Eltern »alt« zu sein und machen Ihren Standpunkt aus dieser Perspektive klar. Ihre Elternrolle rechtfertigt Erziehungsfehler. Ebenso rechtfertigt Pubertät Probleme mit Regeln und Verboten. Sprechen Sie also aus, dass Sie dieses oder jenes Verhalten nicht nachvollziehen können. Ein entschärfender Satz bewährt sich dabei oft: »Vielleicht bin ich ja einfach zu alt, um das zu verstehen.«

Praxisbeispiele

Situation Eins: Ihr Kind darf in bestimmter Kleidung nicht zum Jugendtreff gehen.

Klar gelten für Erwachsene Dresscodes, abhängig von der Art des Treffens. Einen solchen Code entwickeln Jugendliche in der Gruppe ebenfalls. Nur ist der von Vorbildwirkungen aus Medien geleitet und wird von Vorreitern in der Jugendgruppe als in gezeigt. Das MUSS Ihr Kind einfach mitmachen.

In Ihrer Jugend bestimmten vielleicht die Eltern grundsätzlich Ihren Kleiderstil. Jetzt ist die Welt freier geworden, was kein Drama in der Erziehung von Pubertierenden ist. Stellen Sie sich also zu diesem Verbot selbst eine Sinnfrage. Was Ihnen komisch vorkommt, ist wahrscheinlich für Ihr Kind das modische Statement, mit dem es in der Gruppe akzeptiert wird.

Klar dürfen Sie teure Markenklamotten verbieten, wenn die nicht zum Familienbudget passen. Sinn macht es aber, wenn Sie gemeinsam über akzeptable Alternativen nachdenken. Fragen Sie ruhig »Ist das denn so wichtig?« und bieten an »Vielleicht geht das auch?« Bleiben Sie keinesfalls stur, da Sie sonst Ihr Kind vor der Gruppe outen und den Familientrotz noch stärker schüren.

Situation Zwei: Sie verbieten Ihrem Kind den Umgang mit einer bestimmten Familie.

Die Nummer geht in zehntausend von zehntausend Fällen nach hinten los. Gerade, wenn Sie den Umgang deutlich verbieten, wird er für Ihr Kind in der Pubertät zum Fenster einer eigenwilligen, notfalls heimlichen Entdeckungsreise. Dabei spielt es keine Rolle, ob die Familie allgemein schlecht angesehen ist oder Sie persönlich schlechte Erfahrungen mit diesen Menschen gemacht haben.

Bei der Diskussion über dieses Verbot können Sie ziemlich alles falsch machen. Beispielsweise wird ein Argument wie »Weißt du denn nicht, dass die [...] haben/gemacht haben« die Neugier auf ein näheres Kennenlernen nur beflügeln. Ebenso wenig hilfreich ist eine Aussage wie »Das sagen alle«, also die Wiedergabe einer allgemein respektlosen Meinung des erwachsenen Umfelds.

Fragen Sie lieber Ihr Kind nach einem Treffen, wie es denn war und wie es mit den jeweiligen Jugendlichen so zurechtkommt. Vergessen Sie das Verbot – Sie würden doch nur trotzige Ausreden hören. Ist diese Meinung anderer gerechtfertigt, kommt Ihr Kind ohnehin von selbst drauf und zieht sich zurück. Tut es das nicht, haben Sie als Eltern sich vielleicht geirrt und sollten ihm die Chance auf einen vielleicht positiven Kontakt lassen.

Situation Drei: Ihr Kind hält sich nicht an PC-Zeiten.

Auch wenn das Thema bereits früher behandelt war, gehört es in dieses Kapitel der umgangenen Verbote. Und ja, es nervt, ständig das Gleiche sagen zu müssen. Und ja, es ist von Ihrem Kind eigenwillig, sich über Ihr Verbot hinwegzusetzen. Doch: Dauersturheit behebt das Problem nicht, sondern kann es bis zum völligen Rückzug verstärken.

Sind Sie heute Abend wieder wütend, wenn Sie oben die Stimmen vom Videochat hören? Dann reden Sie beim nächsten Frühstück darüber.

Auch das Wort »Weißglut« darf fallen. Nur hilft es nicht, die PC-Zeiten wieder auf früheres Niveau zu regulieren. Belassen Sie es bei der Anmerkung und versuchen, sich emotional von der Wut abzukoppeln.

Eine gute Strategie ist es, Ihrem Kind direkt Suchaufträge für den PC zu geben. Damit füllen Sie die Zeit, die Sie wahrscheinlich persönlich als verschwendet vor dem PC einstufen, mit einem auch für Sie vorteilhaften Zweck. Die Abwehrfrage »Kannst du das nicht selbst?« können Sie gerne mit einem »Du bist doch da fitter« beantworten. Oft fühlen sich Kinder in der Pubertät endlich ernst genommen und helfen mit ihrer jugendlichen Expertise gern weiter.

Bei allen Situationen gilt:

Dont's in jeder Argumentation mit Jugendlichen sind die Wörter »man« (wer? Irgendwer), »alle« (wer? Alle außer ich) und »die Leute« (wer? Alle Leute außerhalb der Familie). In ihrer derzeitigen Entwicklung kreist die Gedankenwelt und Motivation Ihres Kindes einzig um sich selbst und seinen akzeptierten Platz im Leben. Alles darüber hinaus ist Nebensache oder Ärgernis. Do's sind für mehr Einsicht die Wörter »wir« (als Familie), »ich« (als dein gerade diskutierender Elternteil) und »du« (als mein/unser Kind, um das wir uns sorgen). Diese Umstellung ist gewiss eine Übung, die Ihren Blickwinkel zugunsten Ihres Kindes und für mehr eigene elterliche Gelassenheit verändern wird.

Problem Vier: Verbote oder Regeln? Notwendigkeit und Unterschiede

Verbote sind die höchste Form der Verhaltenseinschränkung. Sie verlangen das strikte Unterlassen bestimmter Handlungen. Werden sie im gesellschaftlichen Kontext nicht verfolgt, sind Bestrafungen die gesetzlich verbriefte Konsequenz.

Einem Kind in der Pubertät können Sie mit solcher Strenge höchstens in seiner Entwicklung schaden. Selbst wenn es einen Sinn dahinter versteht, wird es nur aus Gehorsam, niemals aus Einsicht auf das verbotene Handeln verzichten.

Eine weichere Form von Verhaltensvorschriften sind Regeln. Aber auch damit sollten Sie sich während der Pubertät zurückhalten. Machen Sie nur solche Handlungen zur Regel, die für Ihr Kind vorteilhaft, für die Familie zweckmäßig und für die Akzeptanz in der Gesellschaft wertvoll sind.

Lösungsideen

Verwechseln Sie Verbote und Regeln nicht mit der Alternative »Wenn, dann«. Kinder in der Pubertät umgehen Verbote nicht als Angriff gegen ihre Eltern. Sie befolgen oder umgehen sie einzig mit dem Ziel von Vorteilen für sich selbst. Eine zu erwartende Konsequenz wägen sie stets nach der zu erwartenden Schwere ab.

Verwenden Sie Verbote nicht als Familienkitt. Pubertierende Kinder in einer zerrütteten Elternbeziehung leiden stärker, als es die Eltern wahrnehmen. Sie sind noch halb Kind, beziehen den Elternstreit auf sich und entwickeln Schuldgefühle. Aber sie sind auch schon halb junge Erwachsene, suchen Flucht vor dem Streit und finden Harmonie, indem sie auf Verbote pfeifen und in ihrer eigenen Welt leben.

Führen Sie für bestimmte, unerwünschte Handlungen Regeln als Kompromiss ein. Ohne Regeln wachsen Kinder in der Pubertät orientierungslos auf. Ohne Verbote schaden sie sich selbst und vielleicht der Familie. Dazwischen liegt eine ganze Reihe von Alternativen. Verhandeln Sie darüber und stellen auch für sich solche To Dos auf.

Nutzen Sie Verbote und Regeln niemals, um Ihr Kind wunschgemäß zu »steuern«. Tatsächlich nutzen manche Eltern diese Erziehungswerkzeuge zum Selbstschutz. Meist liegt dahinter ein Kontrollzwang. Ein gesteuertes Kind in der Pubertät wird diese List instinktiv durchschauen und garantiert aus dem Ruder laufen.

Verstehen Sie sich nicht als Dirigent für das Leben Ihres Kindes. Je mehr Sie Ihrem Kind vorschreiben, desto leichter soll sein Leben verlaufen. Wirklich? Wahrscheinlich war das in Ihrer Kindheit und Pubertät so – aber jetzt ist anders. Jetzt müssen und sollen Sie nicht dirigieren, lieber begleiten.

Kreieren Sie Regeln gemeinsam mit Ihrem Kind für das Zusammenleben über die Pubertät hinaus. Sprechen Sie dabei darüber, dass Sie dieses und jenes dereinst nicht durften. Erlauben Sie Ihrem Kind, sich selbst in einem möglichen Regelwerk behütet wiederzufinden. Es geht nicht darum, lebenslang zusammenzukleben. Aber wenn das Miteinander schon jetzt auf solchen Säulen ruht, bleiben Sie auch später eine Familie voller Vertrauen zueinander.

Praxisbeispiele

Situation Eins: Ihr Kind läuft während eines Elternstreits in sein Zimmer, kehrt mit dem Rucksack zurück und geht wortlos weg.

Kinder in strittigen Elternsituationen fühlen sich vom Streit betroffen. Ihre Zuflucht ist zuerst der Rückzug. Zweiter Impuls ist, zwischen sich und die Situation Abstand zu bringen. Mit dem dritten Impuls versucht Ihr Kind, die Aufmerksamkeit vom Streit weg und auf sich als Problem zu lenken.

Das ist eine verrückte, aber nachvollziehbare Reaktion. Kinder wünschen sich eine intakte Familie. Die Schimpferei wegen des gebrochenen Verbots nehmen sie – wenngleich nicht bewusst – als Versuch der Einigung auf sich.

Verlangen Sie keine Meinung vom Kind und lassen es erst einmal flüchten. Klären Sie Ihren Streit, falls möglich. Sprechen Sie schnellstmöglich alle miteinander über das Grundproblem. Je mehr Ihr Kind darüber erfährt, desto weniger Schuldgefühle hat es und kann sich leichter auf seine Entwicklung jenseits des Familienstreits konzentrieren.

Situation Zwei: Ihr Kind argumentiert über eine Regel nach dem oben erwähnten »Wenn, dann-Prinzip«.

Kinder in der Pubertät sind Meister der Diskussion. Alles wird hinterfragt, teilweise mit den Wortwaffen der Eltern. Oft gehören Fragen dazu wie »Warum machst du das dann nicht?« oder »Wieso dürft ihr das lassen, ich aber nicht?« Dabei fordern Jugendliche ihre Eltern oft nur deshalb heraus, weil sie selbst keinen Sinn im Verbot erkennen. Sie schaden ja niemandem damit.

Lassen Sie solche Fragen zu. Fällt Ihnen sofort eine Antwort ein, sprechen Sie diese aus. Falls nicht – weg mit dem Verbot oder der Regel. Was könnte sinnvoll sein, falls Ihr Kind künftig nicht mehr nach elterlichem Fahrplan den Müll rausbringt? Vielleicht übernimmt es ja künftig kleine Einkäufe für die Familie, wenn es sowieso schon zu Jugendtreffen weggeht.

Ihr Kind fühlt sich erwachsen und möchte auch so behandelt werden. Im Gegenzug haben Sie das Recht, ihm zu erklären, dass eine neu aufgestellte Regel durchaus angemessen für eine junge, erwachsene Person ist. Verantwortung zu übernehmen fällt vielen Jugendlichen leichter, als es die besorgten Eltern eigentlich erwarten.

Situation Drei: Ihr Kind möchte sich für einen Beruf bewerben, den Sie nicht mögen.

Eine häufige Familiensituation in diesem Alter von 14 bis 15 Jahren ist die Frage nach dem Berufswunsch. Der entwickelt sich vage schon vor der Pubertät, wechselt dann fast immer mit den Mondphasen und steht spätestens ab den ersten Praktika ab der siebten Klasse deutlich fest.

Entweder möchte Ihr Kind beruflich in die elterlichen Fußstapfen treten. Dann bekommt es oft zu hören »Das ist aber ...« – mit allen Argumenten GEGEN diese Entscheidung. Oder es wünscht sich einen Beruf nach seinen eigenen, aktuellen Schwärmereien. Diese halten die Eltern aber möglicherweise für Hirngespinste ohne finanzielle Zukunftssicherung.

Lehnen Sie sich zurück. Akzeptieren Sie diesen Wunsch und helfen Sie bei der Bewerbung mit. Auch das Bestimmen einer Ausbildung mit elternnahem Wohnort wäre ein Versuch, Lebensdirigent zu bleiben. Freuen Sie sich besser auf das neue Abenteuer und ermutigen Ihr Kind zu einem Schritt in die Ferne.

Bei allen Situationen gilt:

Noch sind Regeln und Verbote eine Möglichkeit, Ihr Kind vor Schaden zu bewahren. Aber immer stärker wird das überflüssig. Also gehen Sie einen Schritt von sturen Vorschriften zurück und lieber einen Schritt als lebenserfahrener Berater nach vorn. Damit tragen Sie viel mehr zu einer gesunden Entwicklung bei. Überlegen Sie alle gemeinsam, wie sich das Zusammenleben in den nächsten Jahren harmonisch bei viel Freiraum für alle gestalten lässt. Sehen Sie diese Veränderung als Chance, sich selbst mit den Augen eines Kindes zu betrachten. Vielleicht lässt Sie ja manche Situation erleichtert schmunzeln.

STRATEGIE 6

Entwickeln Sie einen klaren Standpunkt als Zeichen der Verlässlichkeit

Erinnern Sie sich: Die Liste verbotener Aktivitäten in Ihrer Kindheit war länger als die Haare Ihrer Nachbarin. Hand aufs Herz: Haben Sie sich an diese Verbote gehalten? Falls nicht, konnten Sie bestimmt durch Schweigen und Schwindeln manche pubertäre »Missetat« erfolgreich verheimlichen.

Daran hat sich auch in der heutigen Zeit der Pubertät nichts geändert. Die Gewohnheit, sich Ihren elterlichen Verboten zu widersetzen, scheint für Ihr Kind ein regelrechter Sport zu sein. Aber welchen Zweck hat dann Verbieten überhaupt noch?

Wohin geht die emotionale Reise Ihres Kindes in der Pubertät? Das können Sie nicht vorhersehen. Aber sie geht in jede Richtung, die Sie durch Ihre erzieherische Kompetenz begleiten. Während der Jugendphase sind Widerspruch, Missachtung und Streit normal. Eine Entschuldigung für jegliche Eigendynamik sind sie jedoch nicht.

Machtworte sind nicht zweckmäßig, aber ebensowenig Stillschweigen zu jedem eigenwilligen Verhalten. Es gilt wie unter Erwachsenen: Bleiben Sie sich selbst treu. Ihre elterlichen Wertvorstellungen haben Sie selbst bis hierher gebracht. Jetzt ist es an der Zeit, dass Ihr Kind sie mindestens kennenlernt und respektiert.

Nichts zu verbieten bedeutet nicht, die eigene Meinung über das Verhalten oder Überschreiten zurückzustecken. Ganz im Gegenteil: Wenn Sie sagen, was Sie denken, geben Sie Ihrem Kind damit eine Orientierung für sich selbst. Je offener Sie Ihren Standpunkt ohne Dauer-Gemecker klarmachen, desto höher ist die Chance, dass Ihr Kind solchen Vorstellungen entweder aktiv oder unbewusst folgt.

Problem Eins: Eltern ohne Gegenwehr

Klar genießen Kinder in der Pubertät den neuen Freiraum. Sie testen sich mit bockigem Schweigen, Fehlverhalten und Dauerdiskussionen an neue Grenzen heran. Bisherige Grenzen gelten nichts mehr, neue zu setzen fällt Eltern oft schwer. Oft sind es auch Erfahrungen aus der eigenen Jugend, die Eltern das Empfinden von Machtlosigkeit vermitteln.

Aber Ihr Kind wünscht sich starke Eltern. Ihre Gegenwehr gegen Frechheiten ist für Ihr Kind ein Indikator, wie andere Menschen ebenfalls auf sein Verhalten reagieren könnten. Wehren Sie sich nicht, wird es Respektlosigkeit auch anderswo ausprobieren. Es kommt aber nicht nur auf die Gegenwehr an sich, sondern auf Ihr Entgegenkommen an.

Reagieren Sie niemals auf emotionale Ausbrüche Ihres Kindes, wenn Sie selbst gerade aufgestachelt sind. Ein Abwinken und zunächst Weggehen verhindert eine Eskalation. Gleich beim nächsten Zusammentreffen, beispielsweise beim Abendessen, gehört der Ausbruch allerdings ruhig besprochen. Verlangen Sie gleich zum Gesprächsanfang auch von Ihrem Kind Ruhe.

Lösungsideen

Ändern Sie Ihre Meinung nicht, wenn Sie diese Änderung nicht dauerhaft wünschen. Manchmal zeigt Ihnen die Diskussion Ihres Kindes, dass Sie eine Situation zu streng oder falsch einschätzen. Dann ist es o.k., einen Irrtum einzugestehen und eine Änderung entweder neu zu argumentieren oder nicht zu verlangen.

Heißen Sie nicht eine Meinung Ihres Kindes nur um des lieben Friedens willen gut. Viele Ansichten Pubertärer entspringen Hörensa gen oder der neuen Weltvorstellung – Irrtümer eingeschlossen. Sagen Sie dazu nicht Ja und Amen, wenn Sie diese Meinung aus Ihrer Sicht als falsch einschätzen. Argumentieren Sie gern ausführlich und zeigen damit, dass Sie in Ihren elterlichen Ansichten gefestigt sind. Wenn dies zu Streit führt, ist es das Risiko wert. Ihr Kind erkennt Sie als gestandene Persönlichkeit an und übernimmt vielleicht sogar die Festigkeit für sich selbst.

Diskutieren Sie mit Ihrem Kind wie mit einer erwachsenen Person. Teddybär-Argumente empfindet Ihr Kind in der Pubertät als erniedrigend. Die jungen Wilden wollen jetzt wie Erwachsene angesprochen und behandelt werden. Diskussionen auf Augenhöhe sind ein prima Start in die Zukunft. Sie als Eltern stellen sich damit als ernstzunehmendes Testfeld zur Verfügung. Seien Sie darauf gefasst, dass Ihr Kind Sie mit seinen eigenen Ansichten immer wieder in Erstaunen versetzt – auch positiv.

Zeigen Sie Ihrem Kind immer, dass Sie seine Probleme ernst nehmen. Für Ihr Kind stürzt gerade gefühlt eine ganze Welt zusammen. Für Sie scheint der Grund dafür lapidar. Aber in der Pubertät gibt es keine Nebensachen. Jede verpatzte Schularbeit, jedes frustrierende Treffen mit Freunden, jedes ausgebliebene Like auf einen Post in Social Media kann die Weltuntergangsstimmung verursachen. Also zeigen Sie sich interessiert und verständnisvoll, einfach mal als Zuhörer. Das hilft, um solche Tiefs schneller zu überwinden.

Versuchen Sie nicht, Ihren Standpunkt aus der Sicht eines Kumpels zu verteidigen. Bei aller Augenhöhe sind Sie nun einmal kein pubertärer Kumpel für Ihr Kind. Also verfallen Sie nicht in eine späte Jugend, sondern nutzen gern die Argumentationskraft Ihrer Lebenserfahrung für eine Diskussion. Das wird Ihr Kind darin beflügeln, ebenfalls erwachsener über manche Dinge nachzudenken. Ihr Alters- und Erfahrungsunterschied ist eine willkommene Entwicklungshilfe für die Zukunft.

Nutzen Sie nicht Ihre elterliche Machtdarstellung als Argument. Wenn Eltern die Argumente ausgehen, stellen sie gern die Stellung als Bestimmer in der Familie in den Fokus der Diskussion. Vermeiden Sie diesen Redekiller. Er kann langfristig das Vertrauen beschädigen, das Sie bisher aufgebaut haben. Kinder unter absoluter Fremdbestimmung finden garantiert einen Weg, diesem Druckmittel auszuweichen.

Praxisbeispiele

Situation Eins: Ihr Kind hält es für o.k., ohne Zeitlimit zu kommen und zu gehen.

Sie haben eigentliche Regeln zugunsten der Jugendgruppe angepasst. Ebenso sind Sie inzwischen weniger streng bei Essenszeiten. Dennoch ist auf das Erscheinen Ihres Kindes einfach kein Verlass. Das nervt die ganze Familie. Es stört außerdem einige Aspekte der gemeinsamen Tagesstruktur.

Diskutieren Sie nicht über Zeitlimits. Erklären Sie Ihrem Kind sachlich und bestimmt, dass An- und Abmelden gemeinsame Regeln für Erwachsene UND Jugendliche sind. Gerne dürfen Sie die Tagesstruktur erwähnen und Ihre eigenen zeitlichen Befindlichkeiten. Auch Ihre Sorgen um dieses unzuverlässige Verhalten gehören angesprochen.

Ihr Kind möchte als gestandene Persönlichkeit anerkannt werden? Dann soll es das durch Zuverlässigkeit beweisen. Klar müssen keine Minuten und Sekunden gezählt werden. Wenn es ausgeht, hat es ja einen Plan. Also dürfen Sie verlangen, dass es eine ungefähre Zeit nennen kann und sich daran hält. Kommt etwas Unvorhergesehenes dazwischen, dürfen Sie zumindest einen Anruf verlangen.

Situation Zwei: Ihr Kind erzählt bekümmert, dass ein anderer Schüler im Unterricht besonders gelobt wurde.

Entweder unter Tränen oder mit Finstermine sitzt Ihr Kind am Tisch. Mehr als ein »Mh« ist auf Ihre Nachfrage »Wie wars« nicht herauszubekommen. Am Kummerdruck erkennen Sie, dass eigentlich Redebedarf besteht. Sie fühlen sich vielleicht zu Trost verpflichtet – vergessen Sie das! Bieten Sie stattdessen an, sich das Problem ohne Hinterfragen anzuhören.

Oft möchten sich Jugendliche einfach nur Luft machen und sind anschließend von selbst wieder besser gelaunt. Manchmal hilft es ihnen, in der eigenen Erzählung Trost zu finden. Hier dürfen Sie Ihre erwachsenen Fähigkeiten in Geduld und Zurückhaltung zeigen. Fragen Sie nach dem Grund für das Lob, selbst dann, wenn sie vom speziellen Schulfach oder Schulprojekt keine Ahnung haben. Fragen Sie eventuell auch danach, was Ihr Kind getan hat und eben deshalb über das ausgebliebene Lob so traurig ist.

Sparen Sie sich Sätze wie »Vielleicht nächstes Mal« oder »Ach, ist doch nicht so schlimm.« Für Ihr Kind ist sein eigener Kummer genau jetzt überall, allgegenwärtig und übermächtig. Durch Reden ohne elterliche Kommentare glättet sich dieses Empfinden wieder.

Situation Drei: Ihr Kind möchte künftig seine Kleidung generell ohne elterliche Meinung aussuchen.

»Das kommt überhaupt nicht in Frage« oder »Ich zahle, also ziehst du an, was ich aussuche« sind Gift für das Selbstbewusstsein Ihres Kindes. Natürlich ist ihm klar, dass jede Ausgabe von den Eltern bezahlt wird. In einer intakten Familie ist das für das Kind eine Selbstverständlichkeit.

Zeigen Sie Ihrem Kind Ihr Vertrauen und erlauben das Aussuchen ohne Ihre Mitbestimmung. Ein finanzielles Limit dürfen Sie selbstverständlich geben und auch auf der Einhaltung bestehen. Ein Kompromiss ist es, die Bestellung am eigenen PC zu erlauben, aber vor dem Bezahlen um einen Blick auf den Warenkorb zu bitten.

Findet der Einkauf vor Ort statt, suchen Sie sich einfach selbst etwas aus oder sehen sich ein wenig in den Auslagen um. Sie können auch das erlaubte Geld geben und inzwischen einen Laden nebenan besuchen. Damit stärken Sie das Selbstbewusstsein Ihres Kindes und sein Vertrauen in Ihr elterliches Verständnis.

Bei allen Situationen gilt:

Jedes Nachgeben ist ein Zeichen von Vertrauen. Ständiges Nachgeben mögen Ihre Kinder genießen, werden es aber rasch bis über die Schmerzgrenze hinaus ausreizen. Jugendliche auf Nachfrage beschreiben allzu nachgiebige Eltern als schwer einschätzbar. Die meisten Kinder in der Pubertät wünschen sich Eltern mit einer festen Meinung. Denn eine Grundorientierung ist noch nötig, bis die Entwicklung Ihres Kindes zum eigenständigen Erwachsenen mit emotionaler Festigkeit abgeschlossen ist.

Problem Zwei: Standpunkt statt Standpauke

Standpauken waren in Ihrer Kindheit wahrscheinlich an der Tagesordnung. Schlechte Schulnoten, zerrissene Hosen oder ein Streich unter Jugendlichen konnten minutenlange Tiraden mit ernsten Androhungen von Strafen nach sich ziehen. Wie nachhaltig haben diese Momente bei Ihnen gewirkt?

Kinder in der Pubertät haben sich in diesem Punkt auch in der aktuellen „Generation Durchzug“ nicht verändert. Sie lassen die Standpauke über sich ergehen und machen doch gleich morgen wieder alles ebenso falsch wie gestern. Höchstens unangebrachte, harte Bestrafung als Konsequenzen führt zur Gefügsamkeit, allerdings nicht aus Verständnis, sondern aus Angst.

Eine elterliche Standpauke ist oft ein Ausdruck von Hilflosigkeit. Sie fällt laut oder leise, in jedem Fall wortreich und mahnend aus. Zwei Drittel der Tirade sind vollgestopft mit Rechtfertigungen für Ihren Standpunkt, ein Drittel mit der Androhung von Konsequenzen. Was meinen Sie, wie viel davon bei Ihrem Kind wirklich ankommt? Höchstens ein Drittel vom letztgenannten Drittel. Ihr Kind weiß nämlich selbst, dass es Mist gebaut hat. Eine Chance zur Verteidigung bekommt es bei einer Standpauke nicht.

Lösungsideen

Denken Sie – soweit möglich – über den Grund der Standpauke nach. Hat Ihr Kind den Fehler schon zum tausendsten Mal gemacht oder etwas verzapft, was im Erwachsenenkreis als falsch gilt? Klar dürfen Sie beim Tausend-Mal-Fehler aus der Haut fahren. Eine minutenlange Philosophiererei macht aber die neunhundertneunundneunzig Mal vorher nicht ungeschehen und das tausendste Mal nicht besser. Eine humorvolle Variante, gerne mit tadelnder Grimasse, kommt viel besser und vielleicht endlich im Verhalten Ihres Kindes an.

Meckern Sie höchstens für ein paar Sekunden, falls Sie gerade in Weißglut sind. Zorn ist in der Erziehung für jedes Kindesalter ein schlechter Ratgeber, schon gar keine Entscheidungshilfe. Reagieren Sie sich möglichst vorher bei einem Spaziergang oder anderen Aktivitäten ab. Falls Ihr Kind aber gerade dann zuhause ist, belassen Sie die anstehende Diskussion erst einmal bei einer Ankündigung in ruhigem Ton.

Holen Sie zwischendurch Luft für eine Verteidigungschance Ihres Kindes. Wenn Sie einmal beim Kritisieren sind, sprudeln die Standpunkte meist Satz für Satz aus Ihnen heraus. Eine Reaktion ist höchstens am Gesichtsausdruck Ihres Kindes, einem Erröten, Tränen in den Augen oder sichtbar zornigen »Aufpumpen« zu erkennen. Besser fassen Sie Ihren Standpunkt in einem Satz zusammen und machen gleich eine Sprechpause. So kann Ihr Kind sofort darauf reagieren. Das spart oft Zeit und Emotionen für den Rest der Diskussion.

Überdenken Sie Ihren Standpunkt nach dem Beweggrund. Es ist gut, eine feste Meinung nach eigener Wertvorstellung zu vertreten. Verlangen Sie dagegen ein bestimmtes Verhalten nur, weil andere Eltern das bei ihren Kindern voraussetzen, ist es vielleicht für Ihre Familie nicht relevant. Überlegen Sie sich, wie wichtig die Verhaltensänderung Ihnen persönlich ist. Keine Kindererziehung gelingt positiv, wenn sie nur dem Gefallen des Umfeldes dient.

Kombinieren Sie Standpunktgespräche nicht mit Grundsatzdiskussionen. Grundsätzlich hat Ihr Kind vielleicht Ihre allgemeinen, längst festgelegten Erwartungen enttäuscht. In der konkreten Situation hatte es vielleicht Gründe, die ein elterliches Umdenken wert sind. Konzentrieren Sie sich daher bei der Kritik einzig auf diese eine Situation. In ruhiger Minute später dürfen Sie gerne auf den grundsätzlichen Hintergrund der Beanstandung zurückkommen.

Halten Sie das Schweigen Ihres Kindes nicht für Trotz. Emotionalität schwingt bei Kritik automatisch mit, selbst mit Strategien zur vorherigen Beruhigung. Ihr Kind ist gerade mit dem Sortieren seiner halbentwickelten Emotionen beschäftigt. Sogar Studien belegen, dass bei Standpauken Hirnareale nach spätestens zwei Minuten abschalten. Erst eine ganze Weile nach der Auseinandersetzung sind die Jugendlichen wieder denk- und handlungsfähig. Die vermeintliche Trotzreaktion ist also eine Lähmung der Hirnaktivitäten, ein Verteidigungsmechanismus gegen emotionale Überforderung. Erlauben Sie daher die Schweigephase und warten ohne eigenes Beleidigtsein, bis Ihr Kind wieder klar denken kann.

Praxisbeispiele

Situation Eins: Ihr Kind hat das Taschengeld für ein Videospiel statt für einen Kinobesuch ausgegeben.

Klar arbeiten Eltern hart für jeden Cent des Familienbudgets. Taschengeld macht bei einer knappen Familienkasse durchaus etwas aus. Trotzdem ist es für die kulturelle Teilhabe oder kleine finanzielle Freuden Ihres Kindes eingeplant und pünktlich pro Monat abgegeben.

Weißglut bei finanziellen Diskussionen bringt das ausgegebene Taschengeld nicht zurück. Ein Punkt-für-Punkt-Verbot für bestimmte Ausgaben umgehen Jugendliche schlimmstenfalls heimlich, da sie ja die anschließende Wut der Eltern dabei schon in Kauf nehmen. Dennoch lohnt sich das Gespräch um den Sinn von Taschengeld und Ihre Wünsche für die Ausgaben.

»Wir müssen reden.« So viel reicht erst einmal als Ankündigung. Eine Gegenfrage nach dem Grund können, müssen Sie aber nicht sofort beantworten. Wenn Ihr Kind lieber jetzt als nachher reden möchte: Prima, dann ist eine weniger aufgeladene Unterhaltung möglich. Falls es sofort abblockt, warten Sie lieber die nächstbeste Gelegenheit ab, in der Sie sich selbst emotional beruhigt haben. Im ruhigen Gefühlswasser können Sie klarer denken und Ihren Standpunkt sachlicher zum Ausdruck bringen.

Situation Zwei: Ihr Kind war trotz Verbot in einer Diskothek oder einem Jugendclub mit schlechtem Ruf.

Vor allem in städtischen Lebensräumen gibt es Stadtviertel und Locations mit schlechtem Ruf. In manchen Fällen sind es soziale Brennpunkte mit viel Polizeipräsenz, Drogenmilieu und Präsenz rechts- und linksextremer Gruppen. Solche eigenen Erfahrungen dürfen Sie gern ausführlich mit Ihrem Kind besprechen.

Andere Locations haben ihren schlechten Ruf einzig, weil die einen

Eltern dort selbst schlechte Erfahrungen gemacht haben und andere Eltern aus falsch verstandenem Wohlmeinen vor einer Wiederholung solcher Begegnungen warnen möchten. Deren Meinung ist aber kein Maßstab für Ihren eigenen, elterlichen Standpunkt.

»Das dürfte sich XY nicht erlauben.« Mit solchen Sätzen verscherzen Sie jede Chance auf eine vernünftige Erklärung. Erinnern Sie sich? Kinder in der Pubertät sind Ihr eigener Mittelpunkt. Wenn Sie diese Location aus eigener Ansicht verbieten möchten, beziehen Sie sich bei der Kritik bitte strikt auf Ihre Familie, Ihre persönlichen Erwartungen, Ihr Kind. Bieten Sie als Lösung vielleicht einen anderen Jugendtreff an oder hören sich Alternativvorschläge Ihres Kindes zunächst ohne Meinungsäußerung an.

Situation Drei: Sie erklären gerade ausführlich, dass Geld nehmen aus der Familienbox eine Grenzüberschreitung ist.

Unter Bekannten gilt zu Recht die Weisheit, dass beim Geld die Freundschaft aufhört. Die Familienbox ist in den meisten Familien ein Notgroschen auch für die Erwachsenen. Tägliches Nachzählen ist mühselig, die böse Überraschung bei einer nicht erklärten Entnahme vorprogrammiert. Leidtragende dieser Überschreitung sind alle Familienmitglieder.

Die Frage »Hörst du mir überhaupt zu?« erreicht Ihr Kind in diesem Augenblick überhaupt nicht. Denn bei vorheriger Absprache aller Familienmitglieder hat es schon während seiner heimlichen Entnahme ein schlechtes Gewissen. Die jetzige Tirade macht weder die Einsicht größer noch das Handeln ungeschehen.

Eine logische Konsequenz kann der Taschengeldentzug in Höhe der Entnahme sein. Ebenfalls einprägsam sind Einschränkungen beim nächsten Familienausflug, etwa kein Eis statt zwei Eis oder eine Attraktion weniger in den Ferien. Wenn Sie ruhig genug bleiben, bekommen Sie die Summe noch am gleichen Tag ohne erneute Nachfrage reumütig zurück. Auch jetzt verbessert nachträgliches Tadeln die Vergangenheit nicht.

Bei allen Situationen gilt:

Nichts sagen verunsichert Kinder in der Pubertät und ist deshalb keine sinnvolle Strategie für Verhaltensänderungen. Auf Meckern reagieren Jugendliche wie beschrieben, brauchen aber Kritik für ihre aktuelle Orientierung in der Zwischenwelt mit Gleichaltrigen und Erwachsenen. Denken Sie daher immer wieder neu über Ihren elterlichen Standpunkt nach. Suchen Sie nicht das Haar in der Suppe, sondern bieten bei aller Beanstandung immer eine mögliche Lösung an. Mit neuen Regeln können Kinder in der Pubertät im Alltag deutlich mehr anfangen als mit bloßem Hinweisen auf ohnehin bereits geschehene Fehler.

Problem Drei: Die richtige Augenhöhe finden

Die Fürsorgepflicht der Eltern ist aus gutem Grund bis zum Erreichen der Volljährigkeit gesetzlich verankert. Entscheidungen und deren Konsequenzen können sie vorher noch nicht im ganzen Ausmaß einschätzen. Im Familienalltag wirkt das allerdings anders: Jugendliche schlagen regelmäßig über die Stränge.

Sprüche über den Erziehungsauftrag, die jetzt schon erkennbare Reife der Jugendlichen oder gar harte Strafen führen zu gar nichts. Sie stürzen Ihr Kind höchstens in einen emotionalen Zwiespalt zwischen Freiraum wollen und Erwartungen erfüllen müssen.

Die richtige Augenhöhe für Erziehung in der Pubertät ist ebenso ein dünnes Drahtseil wie das Festlegen von Regeln und der Umgang mit Lügen und Trotz.

Lösungsideen

Verzichten Sie auf Maßregelungen nach dem »Du musst«-Prinzip. Jugendliche reagieren auf strenge Anweisungen allergisch. Also ist eine gute Augenhöhe, wenn Sie je nach Situation zum verlangten Verhalten den Vorteil für die Familie erklären. Durch diese Art der Ansprache fühlen sich Jugendliche ernst genommen und helfen gern.

Hören Sie Ihrem Kind zu wie einer erwachsenen Person. Die neue Gedankenwelt der Jugendlichen überrascht sie selbst. Plötzlich fühlen sie sich allwissend und sowieso reif genug für eigene Entscheidungen. Diesen Teil können Sie stärken, wenn Sie einer Philosophiererei oder Meinungserklärung zuhören. Beantworten müssen Sie das in dieser Phase nicht, da sich die Gedanken noch mehrere Male vor dem Erwachsensein umkrempeln.

Verlangen Sie nicht für jedes Handeln eine Rechtfertigung. Manchmal passiert Jugendlichen solcher Blödsinn, dass den Eltern schier die Luft wegbleibt. Ihr Kind hat wahrscheinlich selbst keine logische Rechtfertigung parat. Üben Sie keinen Druck aus, um nicht eine Lüge aus Verlegenheit zu provozieren.

Erklären Sie Ihren Widerwillen gegen Grenzüberschreitungen klar. Missgeschicke, Händel unter Gleichaltrigen oder Fehltritte in der Schule bewegen sich im normalen Rahmen der Entwicklung während der Pubertät. Überschreitet Ihr Kind allerdings familiäre Wertevorstellungen, dürfen Sie sehr klar Ihre Meinung dazu sagen. Immerhin funktioniert eine Familie nur, wenn sich alle an die Werte halten.

Freuen Sie sich über die zunehmende Eigenständigkeit Ihres Kindes. Wenn ein Drachen steigt, darf er je nach Wind und Mut der Spielenden mal höher, mal tiefer fliegen. Geben Sie Ihrem Kind in der Pubertät ebenfalls mehr Leine. Vertrauen Sie darauf, dass die Vernunft mit dem neuen Freiraum mitwächst. So sind Sie selbst schließlich auch einmal erwachsen geworden.

Lernen Sie selbst mehr Abstand von Kontrolle und Fürsorge. Bei dieser Lernaufgabe kann Sie Ihr Kind aktuell nicht unterstützen. Elterlicher Kontrollverlust und der Versuch, ihn zu verhindern, führen zu den häufigsten Familienkonflikten. Augenhöhe bedeutet, mehr Sicherheit im Loslassen zu entwickeln. Probieren Sie es aus – Ihr Abnabeln dauert wahrscheinlich länger als das Ihres Kindes. Aber nun ist es eben so weit und kein Grund für Panik.

Praxisbeispiele

Situation Eins: Ihr Kind soll einen Einkauf für die Familie erledigen.

Gern entschuldigen sich Jugendliche mit anderen, wichtigen Terminen/Schulaufgaben/Interessen oder maulen, wenn sie die Aufgabe bekommen. Einkaufen ist deshalb lästig, weil es Geduld bei der Auswahl und Konzentration beim Abarbeiten des Einkaufszettels erfordert.

Aber für die Familie wird damit Zeit frei, etwa zum Vorbereiten gemeinsamer Aktivitäten oder einfach für die Erwachsenen als Stresspause nach der Arbeitszeit. Entspannte Eltern sind geduldig, gut gelaunt und aufmerksam. Also ist ein Hinweis auf die Entlastung durch das Ableisten der Aufgabe eine gute Strategie.

»Ich schaffe das sonst nicht.« Eltern sind keine Übermenschen und dürfen persönliche Schwächen gerne preisgeben. Mit der Aussicht auf einen angenehmen Tag oder Abend und dem Eingeständnis der Überlastung zeigen Sie Ihrem Kind seinen hohen Stellenwert für die Familienharmonie. Sprechen Sie es auf diese Weise erwachsen an, fühlt es sich auf Augenhöhe behandelt.

Situation Zwei: Ihr Kind möchte sich auf ein Praktikum ohne elterliche Hilfe vorbereiten.

Praktika sind ein wichtiger Schritt für Jugendliche, sich auf das spätere Berufsleben vorzubereiten. Praktikumsplätze stehen nicht überall in ausreichender Zahl zur Verfügung. Also muss eine Bewerbung wie später für die Ausbildung tipptopp für eine Zusage sein.

Klar haben Erwachsene Erfahrung mit Bewerbungen. Also wäre die Praktikumsbewerbung mit Ihrer Unterstützung ruck-zuck erledigt. Auch bei Formulierungen punkten die Eltern mit Lebenserfahrung. Der Lerneffekt ist aber nur einprägsam, wenn sich Ihr Kind selbst durch die Bewerbungsmappe arbeitet.

»Kannst du mich einfach mal machen lassen?« Ja, lassen Sie mal! Vielleicht zeigt Ihnen Ihr Kind das Ergebnis, und Sie finden tausend Fehler. Verkneifen Sie sich Kommentare. Anbieter für Praktika sind mit jeder Bewerbungsvariante Jugendlicher vertraut und meist tolerant in vielen Punkten. Falls nicht, ist Ihr Kind um eine frustrierende Erfahrung reicher und wird nächstes Mal vielleicht von selbst um die elterliche Unterstützung bitten.

Situation Drei: Ihr Kind wurde in der Schule beim Klauen erwischt.

Diebstahl ist eine gesellschaftliche Grenzüberschreitung mit harten Konsequenzen. Im schulischen Umfeld sind das Tadel, Eintrag im Zeugnis, Schulverweis auf Zeit oder völliges Entlassen aus der Schule. Selbst der Griff in die Familienkasse ohne Absprache ist Klauen, ohne Wenn und Aber.

»Damit komme ich nicht klar.« Es ist o.k., sich die Gründe für den Diebstahl anzuhören. Meistens handelt es sich um eine dumme Mutprobe in einer Jugendclique. Die Rechtfertigung erklärt die Handlung, ist jedoch als Entschuldigung und Wiedergutmachung nicht akzeptabel.

Eine Standpauke liegt in diesem Fall in Ihrem Ermessen.

Damit darf diese Grenzüberschreitung jedoch nicht abgehakt sein. Eine Entschuldigung bei der beklauten Person, in der Schulklasse und beim Klassenlehrer sind die Handlungen, die Eltern und Schulcommunity mindestens erwarten dürfen. In den meisten Fällen ist diese Art der Konsequenz den Jugendlichen eine Lehre für ein ganzes Leben.

Bei allen Situationen gilt:

Augenhöhe bedeutet nicht, mit einem Schlag alle Fürsorge aufzugeben. Als Ratgeber, Regelwächter und Kummerkasten bleiben Sie weiterhin die engste Orientierung für Ihr Kind. Nur der 24/7-Dienst verliert im Laufe der Pubertät an Bedeutung. Versuchen Sie nicht, Ihr Selbstvertrauen an diesem Dienst festzukrallen. Freuen Sie sich stattdessen auf immer mehr vernünftige Unterhaltungen mit neuen Ansichten und Einsichten. Pubertät ist auch eine wunderbare Chance, Ihr Kind als angehende erwachsene Person mit ganz neuen Facetten kennenzulernen.

Problem Vier: Widerspruch persönlich nehmen? Bloß nicht!

Der Widerstand in der Pubertät greift Eltern an wie ein plötzlich geweckte Monster. Gestern noch war alles gut, und schon heute stehen Sie verblüfft vor einer Beleidigung Ihres Kindes. Fast immer folgt eine Rück-Beleidigung mit anschließendem Streit bis hin zur sturen Eskalation. Zurück zu normal gelingt manchmal erst allmählich, oft leider überhaupt nicht.

Auch Anschreien ist eine Form des Widerspruchs, den Eltern persönlich nehmen. Wenn Kindern in der Pubertät die Argumente ausgehen, ist Schreien ein reflexartiger Versuch des Durchsetzens. Auch auf Kritik folgt oft Schreien statt Erklären. Ihr Kind lernt gerade, die bisher erlebten Verteidigungsmechanismen Erwachsener an Ihnen auszuprobieren.

Am schlimmsten ist Anschweigen, weil es keine direkte Reaktion der Eltern zulässt. Sie müssten schon die Burgmauern erklimmen, um Ihre Jugendlichen jetzt zu erreichen. Gegen diese und weitere Ausdrucksformen des Widerspruchs gibt es eine generelle Empfehlung: Bloß nicht persönlich nehmen!

Lösungsideen

Beantworten Sie eine Beleidigung nicht mit einer Gegenbeleidigung. Beleidigungen sind eine sehr spontane Reaktion auf Unzufriedenheit. Sie platzen aus Jugendlichen oft ungewollt, dann aber mit voller Wucht heraus. Es folgen Schrecksekunden und ein Augenblick der Angst vor der elterlichen Reaktion. Geben Sie beiden Emotionen keinen Raum, sondern schütteln höchstens den Kopf und lassen die Direktsituation kurz auskühlen.

Kontern Sie eine Beleidigung gern mit dem Hinweis des Vergleichs. Machen Sie sich immer bewusst, dass Beleidigungen sich auf allgemeine Erfahrungen Ihres Kindes beziehen. Die Eltern sind der Blitzableiter für alle anderen Menschen, die gerade doof sind. Deeskalierend kann Ihr Kommentar »Du verwechselst mich ja wohl mit XY« wirken.

Ziehen Sie sich im Augenblick des Anschreiens deutlich zurück. Anschreien ist ein Mechanismus aus früher Kinderzeit, als Schreien oft zum Ziel führte. Im Jugendalter ist es eine Kombination aus versuchtem Durchsetzen und emotionalem Dampf-Ablassen. Setzen Sie sich Ihrer eigenen Seelenruhe zuliebe der Situation nicht länger aus. Besser ist jetzt körperliches Flüchten zum Küchenschrank oder in den Garten.

Überlegen Sie sich Konsequenzen fürs Anschreien. In einem intakten sozialen Umfeld ist Anschreien eine der übelsten Grenzüberschreitungen. Wenn es auch nicht persönlich gemeint ist, stellt es doch eine Respektlosigkeit dar. Durch das Ankündigen und im Wiederholungsfall Durchziehen von Konsequenzen verhindern Sie, dass

Schreien Teil der familiären Streitkultur wird.

Verfallen Sie beim Anschweigen nicht in die nonverbale Schuldsuche bei sich selbst. Schweigen geht vielen Eltern noch schlimmer an die Nerven als Schreien. Versuchen Sie nicht, mögliche Gründe dafür in Ihrem eigenen Verhalten zu finden. Meist löst sich der stumme Knoten schnell wieder. Ein anschließendes Hinterfragen ist natürlich wichtig.

Beobachten Sie Anschweigen, um emotionale Probleme außerhalb der Familie frühzeitig zu erkennen. Viele Probleme können Jugendliche kurzzeitig verstummen lassen. Mobbing, Liebeskummer oder empfundene schulische Überforderung müssen allerdings besprochen werden. Falls ein ernster Hintergrund vorliegt, bieten Sie gerne Hilfe durch Profis wie die Sozialarbeiter der Schule oder Psychologen an.

Praxisbeispiele

Situation Eins: Ihr Kind beschimpft Sie als Bühü oder Hasenhirn.

Als Bühü wird eine dicke Person bezeichnet. Hasenhirn ist ein Dummkopf, also eine verständnislose, erwachsene Person. Mit solchen Ansprachen verletzten Jugendliche Sie dann, wenn Sie mit Ihrer eigenen Figur unzufrieden sind oder generell Wert auf Ihre Intelligenz legen. Sie werden also bewusst an Ihren schwachen Stellen gepackt.

Hintergrund ist ein unschöner, aber oft bei Kindern in der Pubertät normaler Abwehrmechanismus gegen Anspielungen auf die eigenen Schwächen, etwa Kritik an einer schlechten Schulnote oder Meckerei wegen der Kleidung. Es geht keinesfalls um Ihre persönlichen Unzulänglichkeiten.

Eine mögliche, nächste Widerrede ist die bissige Frage »Ach, und jetzt machst du mir den Babo (Chef)?« Ihr Kind hat in dem Augenblick erkannt, dass Sie die Beleidigung nicht persönlich nehmen. Na gut, dann sind Sie eben momentan der Babo. Es gibt Schlimmeres, als in einer solchen Rolle respektiert zu werden.

Situation Zwei: Sie diskutieren über eine versemmelte Schularbeit.

Das ewige Streitthema zermürbt Eltern, weil sie sich Sorgen um die Zukunftschancen mit schlechten Schulnoten machen. Kinder in der Pubertät fühlen sich davon zum tausendundersten Mal genötigt, genervt und provoziert. Beginnen Sie jetzt zu schreien, ist dies ein Ausdruck höchster Hilflosigkeit.

Die Diskussion ist berechtigt, im Ton des bisherigen Tadels allerdings nicht zielführend. Einen Vierer erlebt Ihr Kind auch ohne elterliche Kritik als Bockmist. Die zigtausendste Ermahnung, doch einen Abend ohne Clique und lieber mit mehr Lernarbeit zu verbringen, verbessert die bereits eingetragene Note nicht.

»Steck dir deinen Moralkram sonst wo hin! DAS IST IMMER NOCH MEINE SACHE!« Spätestens jetzt führt jedes weitere Wort ins Leere. Reiben Sie sich nicht am Geschrei auf. Gehen Sie raus, auf die Toilette, in den Garten, in den Keller – nur weg, bis sich der Staub legt. Spätestens in einer halben Stunde oder Stunde können auch die schreienden Jugendlichen wieder klar denken und lassen besser mit sich reden (nicht meckern).

Situation Drei: Sie sind am Wochenende gemeinsam im Kurzurlaub.

Schweigen macht nervös. Im gemeinsamen Kurzurlaub dämpft es jede Freude. Jetzt sollten Sie stark bleiben und sich auf den Augenblick konzentrieren – auf Ihren eigenen. Irgendetwas ist im Argen, das wahrscheinlich in der Schule oder dem Freundeskreis vorgefallen ist. Das Schweigen ist kein persönlicher Angriff auf Sie als Eltern.

Sie sind erwachsen und sollten sich von der toxischen, stummen Stimmung nicht herunterziehen lassen. Planen Sie Aktivitäten wie gewohnt. Bieten Sie an, Ihr Kind einzubeziehen. Akzeptieren Sie auf Nachfragen ein »Mh. Weiß nicht. Alles gut.« Drängen Sie nicht zum Mitmachen, sondern wenden sich selbst anderen Dingen zu.

Ständiges Nachbohren kann das ohnehin ohnmächtige Empfinden oder wütende Schweigen nur verstärken. Vielleicht ist der Stadtbummel oder Strandnachmittag gerade nicht die gewollte Ablenkung. Dann bleibt Ihr Nachwuchs eben für ein paar Stunden in der Unterkunft. Vielleicht hilft einmal drüber schlafen, um bald wieder zu reden und aktiv am Familienleben teilzunehmen.

Bei allen Situationen gilt:

Ihren Pubertierenden platzen Dinge heraus, die gar nicht so gemeint sind. Egal, ob Sie sich gerade am Schlafittchen gepackt fühlen: Wischen Sie solche Ansprachen so weg, als hätten sie einer fremden Person gegolten. Können Sie das nicht, reden Sie erst in ruhigeren Momenten darüber, dass Sie sich persönlich verletzt fühlen. Kinder in der Pubertät dürfen sich an ihr Umfeld herantasten, müssen aber auch Eltern als verletzlich erleben. Das gibt ihnen Sicherheit in der Orientierung und stärkt ihre Reife hinsichtlich der Rücksichtnahme auf die Emotionen anderer Menschen.

STRATEGIE 7

Lassen Sie auf Fehltritte Konsequenzen folgen

Die Entwicklung in der Pubertät soll Freiräume erweitern. Kinder erleben jetzt Konsequenzen, wann immer sie in der Schule und im gesellschaftlichen Umfeld Grenzen überschreiten. Im häuslichen Umfeld gehen sie damit oft lapidar um. Aber wann kommt der Punkt, Fehltritte zu bestrafen? Oder sollen Sie alles hinnehmen? Mitnichten!

Wenn Ihr Kind verbotene Sachen macht, Regeln bricht oder gar beleidigend mit den Eltern umgeht, probiert es sich in der neuen Rolle als angehender Erwachsener aus. Bisher hat es Sie zunächst als zuverlässige Beschützer, später als Anleitung und Begleitung erlebt. Jetzt ist Widerstand Programm. Das geschieht aber nicht aus bösem Willen, sondern ist eines der Testfelder und Ihre Reaktion wichtig für eine gesunde Entwicklung.

Bestrafungen gehören nicht zur Tagesordnung, müssen den Jugendlichen aber bekannt sein. Beispielsweise ist es inakzeptabel, die Schule zu schwänzen und Unterschriften zu fälschen, Geld ungefragt aus der Familienbox zu nehmen oder andere Mitschüler körperlich und verbal zu verletzen. Generell hängt es von Ihnen als Eltern ab, welche Grenzüberschreitungen nur eine Standpauke erfordern und welche deutlich zu weit gehen. Eine allgemeingültige Lösung gibt es nicht, viele mögliche, positive Reaktionen allerdings zu den hier genauer beschriebenen vier Problemen.

Problem Eins: Willkürliches Strafen

Harte Strafen wie Taschengeldentzug oder Hausarrest können bei schweren Grenzüberschreitungen für eine Weile funktionieren. Wie verhältnismäßig die Strafe zum Fehltritt ist, hängt von Ihren elterlichen Wertevorstellungen ab. Einzig für einen mehrfach gemachten Fehltritt ist immer das gleiche Bestrafen Unsinn.

Erstens verliert es seine Wirkung, weil Jugendliche sich daran gewöhnen und die Strafe einfach mit stoischer Ruhe absitzen/ableisten. Zweitens führt es eher zum Verheimlichen aus Angst. Damit zerreißen Sie die zarte Schnur Vertrauen, die in der Pubertät und darüber hinaus für einen liebevollen Umgang wichtig ist.

Willkürliches Strafen empfindet Ihr Kind in der Pubertät zurecht als unfair. Meist reagieren Eltern so, wenn sie gerade selbst mit anderen Dingen überfordert, genervt und gestresst sind. Unberechenbare Eltern sind unnahbar. Jugendliche verlieren dadurch einen Halt, den sie gerade jetzt, in der widerspenstigen Zeit, als Orientierung brauchen.

Lösungsideen

Besprechen Sie mit Ihrem Kind genau, was Sie als Fehltritt einordnen. Manche Verbote ändern sich mit der Reife Ihres Kindes. Zeigt es mehr Verantwortungsbewusstsein, dürfen manche vorherigen Regeln gerne angepasst, verändert oder gänzlich gestrichen werden. Bleibt ein Verbot jedoch bestehen, erklären Sie es genau, gerne mit einer Liste oder Stichpunkten, die Sie sich vorher machen.

Legen Sie eine Bestrafung niemals in erregter Stimmung fest. So, wie Ihrem Kind im Zorn unbedachte Worte aus dem Mund schießen, sprechen Sie möglicherweise eine harte Strafe aus, die in keinem sinnvollen Verhältnis zum Fehltritt steht. Bereiten Sie Ihr Kind besser knapp auf die Diskussion und Strafe vor.

Finden Sie einen einprägsamen Lerneffekt von Strafen im Verhältnis zur Grenzüberschreitung. Hausarrest mit der Erlaubnis, an bestimmten Treffen teilzunehmen, ist wenig effektiv. Fällt dagegen strikt der nächste Geburtstag eines Kumpels oder gar ein Campingwochenende mit Freunden aus, wird sich Ihr Kind nur einmal und nie wieder auf fruchtlose Diskussionen einlassen.

Seien Sie kompromissbereit für vernünftige Regeländerungen. Lassen Sie bei kleinen Fehltritten Ihr Kind gerne einmal in die Rolle der Eltern schlüpfen. Was würde es selbst im konkreten Fall für angemessen halten? Klären Sie, als wie gravierend Sie und Ihr Kind eine Überschreitung empfinden. Finden Sie in der Mitte zusammen, ist es möglicherweise Zeit für eine verbindliche Regeländerung.

Legen Sie eine Strafe mit fester Meinung und Stimme, jedoch nicht im Schrei- oder Militärton fest. Festigkeit im Verhalten erwartet Ihr Kind in der Pubertät als verlässlichen Leitfaden durch die chaotische Entwicklungszeit. Festigkeit in der Stimme bestärkt diesen Eindruck. Jedoch ist eine militärische Anordnung im Bellton wenig hilfreich. Eher würden Sie damit unbewusst Ihre Hilflosigkeit zugeben und Ihr Kind verunsichern.

Nehmen Sie am Ende einer Bestrafung das Thema Ursache – Wirkung nochmals auf. Vergeben und Vergessen sind bei Grenzüberschreitungen zwei Paar Stiefel. Nach gebüßter Strafe muss nochmals die konkrete Handlung aufgerollt werden. Eventuell können Sie ja im Erklären Ihrem Kind Tipps geben, wie es sich künftig besser verhält, ohne seinen Freiraum aufzugeben.

Praxisbeispiele

Situation Eins: Ihr Kind hat sich zu Freunden abgemeldet, aber die wissen nichts von dem Treffen.

Hiermit untergräbt Ihr Kind ganz klar das Vertrauen der Familie. Vielleicht steckt eine frische Liebe dahinter, vielleicht ein Treffen mit dubiosen Menschen. Sie erfahren es erst bei der Heimkehr. Natürlich macht eine solch grobe Lüge – auch noch auf dem Rücken Gleichaltriger – wütend. Wahrscheinlich tut Ihr Kind beim Heimkommen unschuldig, erzählt vielleicht sogar Fantastisches von dem angeblichen Treffen.

Die Lüge setzt sich also dreist fort. Sie kennen aber durch die zufällige Begegnung mit den Freunden längst die Wahrheit. Bestimmt hat sich die Wut inzwischen ganz schön aufgestaut. Am besten versuchen Sie, sich vorher irgendwie zu beruhigen. Alles, was Sie in der ersten, heißen Erregung aussprechen, sprudelt rücksichtslos und bestimmt verletzend heraus. Damit treiben Sie nur die bereits beschriebene Spirale aus emotionaler Erregung, Trotz, Widerstand und Rückzug an.

»Darüber reden wir nachher« oder »Das besprechen wir noch« erklärt fürs Erste, dass Sie Ihr Kind ertappt haben. Dies lässt gleichzeitig genügend Zeit, um sachlich über eine Bestrafung und den Grund dafür zu reden. Lassen Sie sich in solcher Stimmung auf Verteidigungsversuche oder Beschwichtigung nicht ein. Besser erklären Sie ausdrücklich, dass Sie jetzt erst einmal ein paar Augenblicke brauchen.

Situation Zwei: Sie legen für Schule schwänzen eine Woche Laptop-Verbot fest.

Eine Woche ohne PC oder Laptop ist im Schulalltag der höheren Klassen schwierig. Viele Schulprojekte finden im Team online statt. Wer zu den Meetings nicht kommt, hängt mit dem Projektfortschritt hinterher. Dennoch ist ein Verbot zweckmäßig und heilsam.

Der beabsichtigte, einprägsame Lerneffekt hinter der Strafe muss dem Maß der Strafe angepasst werden. Ein möglicher Kompromiss ist die Laptopbenutzung während der Auszeit nur in Ihrer Gegenwart. Dazu müssen Sie als Eltern nicht im Kinderzimmer Spalier stehen. Falls möglich, können Sie die schulisch notwendige Nutzung vorübergehend an Ihrem Laptop in der Küche oder Ihrem PC im beaufsichtigten Wohnbüro erlauben.

»Warum bist du ausgerechnet jetzt so streng?« Im Fall von Schule schwänzen dürfen Sie gern auf die geltende Schulpflicht hinweisen. Denn auch die kann herbe Konsequenzen haben, wenn sie von Eltern bei ihren Kindern nicht durchgesetzt wird. Vielleicht war das Ihrem Kind bisher gar nicht bewusst. Der Lerneffekt durch den Technikentzug lässt eine Wiederholung des Fehlverhaltens unattraktiv erscheinen. Ihre Erklärung dazu fördert die Einsicht in gesellschaftliche Erwartungen, die Sie als Familie nun einmal einhalten müssen.

Situation Drei: Sie verbieten für eine Woche die üblichen Freizeittreffen nach Schulschluss mit der Clique.

Sicherlich haben Sie den Grund für die Strafe ausführlich erklärt. Wahrscheinlich sieht Ihr Kind nicht ein, warum es dafür so hart – gleich für eine Woche – bestraft wird. Ein Wort gibt das andere, Überredungsversuche, Heulattacken, Beschimpfungen sind unausweichlich. Dafür brauchen Sie jetzt starke Nerven.

Das nicht zielführende Geplänkel gehört eindeutig zum Ausloten bisher bekannter Grenzen. Starke Eltern sind zuverlässige Eltern. Also dürfen Sie auf alle Variationen nicht eingehen. Die Kraft, die Ihnen die Festigkeit dieses eine Mal abverlangt, sparen Sie künftig für viele weitere, vergleichbare Situationen.

Einer der kontraproduktivsten Sätze an Generationen von Kindern in der Pubertät beginnt so: »Solange du deine Füße unter meinen Tisch steckst ...« Das ist pure Erpressung und als Begründung für eine Strafe völliger Unsinn. Brechen Sie lieber einen Streit ab, statt ihn so zu beginnen und fortzuführen.

Bei allen Situationen gilt:

Eltern sollen immer vernünftig sein, schaffen das aber garantiert nicht in jeder Situation. Mit emotionalem Herunterfahren und sachlicher Distanz erreichen Sie mehr als mit allen klassischen Diskussionsmethoden. Verzichten Sie nicht auf Strafen, nur weil Sie die Familienharmonie wahren möchten. Aber bemessen Sie die Strafe so, dass sie einprägsam ist und durch künftige Besserung vor weiterer Maßregelung schützen kann. Bleiben Sie auch im Streit immer gesprächsbereit, ohne sich zu einem Abweichen überreden zu lassen. So manövrieren Sie das schlingernde Gedanken- und Gefühlsschiff Ihres Kindes in der Pubertät souverän an der rauen Küste der Versuchungen, Stolpersteine und Missverständnisse vorbei.

Problem Zwei: Keine Entwicklung ohne Konsequenzen

Nie zuvor und nie nach der Pubertät entwickelt sich Ihr Kind schneller in kürzerer Zeit. Ausprobieren, über die Stränge schlagen und provokant auf Kritik reagieren sind völlig normal. Aber jedes Austesten der Eigenwirkung auf andere kann Schaden anrichten. Diese Konsequenz aus Fehlverhalten können und sollen Sie Ihrem Kind nicht ersparen.

Dabei müssen Sie nicht immer selbst die Konsequenzen festlegen. Außerhalb der Familie hagelt es schlechte Noten für schlechtes Benehmen oder Ablehnung von Gleichaltrigen für bockiges oder eigensinniges Handeln. Manche Fehltritte verursachen finanzielle Konsequenzen, andere möglicherweise Abmahnungen oder Hausverbote.

Ihre einzige Aufgabe in diesem Chaos aus Anecken und Zurechtfinden ist wie bei allen Strategien eine verlässliche Meinung und voraussehbares Reagieren. Eine Runde Mitleid für einen Bericht über Konsequenzen in der Schule oder Stress mit den Kumpels dürfen Sie gerne ausgießen. Richtigstellen und besser machen muss das Kind selbst lernen.

Lösungsideen

Versuchen Sie nicht, eine Konsequenz durch Trösten schönzureden. Eigenes Fehlverhalten ist für Kinder in der Pubertät oft nicht vorhersehbar noch die Konsequenz abzuwenden. Klar ist es darüber bedrückt, hat Schuldgefühle oder fühlt sich unfair bestraft. Hören Sie ohne Vorwürfe zu, aber suchen Sie nicht ersatzweise eine Entschuldigung für das Geschehen.

Entziehen Sie Ihrem Kind Verantwortung, wenn es ihr in einer konkreten Situation nicht gerecht wird. Bei der Entwicklung in der Pubertät schießen Kinder ebenso oft über das Ziel hinaus wie Eltern. Vielleicht haben Sie Ihr Kind für eine Weile total reif erlebt, ihm neue Verantwortung übertragen. Möglicherweise folgt plötzlich eine Phase völliger Unzuverlässigkeit. Dann nehmen Sie diese Verantwortung für eine Weile zurück.

Lachen Sie Ihr Kind nicht aus, falls es von Freunden abgelehnt oder von Lehrern bestraft worden ist. Schlimmer als jede Konsequenz ist für Jugendliche Spott der Eltern oder herabsetzende Kommentare zum Vorfall. Gerade nach solchen miesen Situationen braucht es ernsthafte Zuhörer. Hier können Sie sich gut auf sich selbst besinnen: Würden Sie zu einer Besserung motiviert sein, wenn jemand Sie für Fehler verspottet?

Belohnen Sie sichtbare Besserung des vorigen Fehlverhaltens mit neuer Verantwortung. Entwicklung in der Pubertät läuft weder in Treppenform noch gleichmäßig ab. Ganz sicher erleben Sie Ihr Kind immer positiver in seinem eigenen Entwicklungstempo. Honorieren Sie die erkennbare Reife mit neuer Verantwortung – ein selbstbewusster Teenager ist deutlich weniger widerspenstig.

Geben Sie sich selbst gerade in der Pubertät Ihres Kindes nicht als unfehlbar. Sie machen als Eltern alles richtig? Blödsinn! Sie ärgern sich ebenso über Fehler, bekommen Kritik vom Chef oder kaufen falsche Sachen ein. Es schadet nicht, wenn Sie hin und wieder vor Ihrem Kind eigenes Fehlverhalten oder Irrtümer und Missgeschicke zugeben. Das macht Sie nahbar und beflügelt den jugendlichen Ehrgeiz, es besser zu machen. Gleichzeitig nimmt solche Aufrichtigkeit den ständigen Druck von Ihrem Kind, ständig alles richtig machen zu müssen.

Messen Sie Ihre eigenen Erwartungen nicht mit den Ansprüchen in anderen Familien. Nichts ist als Thema unter Eltern so beliebt wie der Austausch persönlicher Erfahrungen. Die einen sind Partner für Ihre Kinder, andere autoritär, andere völlig verzweifelt und ratlos. Aber deren Erwartungen entsprechen individuellen Wertevorstellungen. Die lassen sich nicht beliebig auf Ihre Situation übertragen. Messen Sie also nach eigenen Ansprüchen, niemals im Wettstreit um die perfekteste Erziehung in der Pubertät.

Praxisbeispiele

Situation Eins: Sie entdecken auf der Kartenabrechnung Ihres Kindes eine nicht abgesprochene Abbuchung.

Den Umgang mit Geld sollen Kinder bereits vor der Pubertät erlernen. Mit schrittweise mehr Taschengeld gelingt das meistens auch gut. Ab dem siebten Lebensjahr dürfen die Eltern ein Kinderkonto mit Prepaid-Karte einrichten, ab dem 14. Lebensjahr eine Umstellung zum Jugendkonto mit voll funktionstüchtiger Bankkarte vornehmen.

Vertrauen auf die nötige Reife Ihres Kindes ist dafür wichtig. Klären Sie noch vor Kontoeröffnung, wofür die Karte verwendet werden darf und welche wöchentlichen und monatlichen Limits unabhängig vom Kontostand gelten sollen. Die Kontrolle durch Nachsehen im

Onlinebanking ist weiterhin nötig, meistens mit dem beruhigenden Ergebnis, dass alles gut ist.

Kommt es zur nicht abgesprochenen Abhebung oder Abbuchung, ist vorübergehender Kartenentzug richtig und wichtig. »Darüber reden wir (das besprechen wir) in ein paar Wochen nochmal neu.« In der Zwischenzeit muss Ihr Kind eben wieder mit dem Taschengeld klarkommen oder Sie bei Bedarf um Bargeld bitten. Es lernt daraus, dass seine Freiheit dann wieder gewährleistet ist, wenn es die nötige Verantwortung für die Bankkarte übernimmt.

Situation Zwei: Ihr Kind hat trotz bester Bemühungen eine schlechte Schulnote heimgebracht.

Über das Maß an Lerneifer haben Sie in der Pubertät kaum noch den Überblick. Oft genug sind »dringende Hausaufgaben« nur ein Alibi, um sich vor Pflichten zu drücken. Sie erwarten also gute Noten für gute Lernarbeit. Doch nicht immer steckt Faulheit hinter dem Vierer. Falsch verstandener Stolz steckt hinter manchem schulischen Versagen von Jugendlichen.

Kinder in der Pubertät halten sich für unfehlbar und geben nicht zu, wenn sie etwas nicht verstehen. In manchen Fächern reicht Auswendig-Lernen aber nicht für das Begreifen aus. Die Eltern könnten vielleicht helfen, erfahren aber nichts vom Dilemma. »Das wäre nicht passiert, wenn …«, ist kein guter Ansatz für mehr künftige Bemühungen.

Gewiss haben Sie in Ihrer Jugend manche Hausaufgabe höchstens widerwillig erledigt oder aus Abneigung gegen den Lernstoff vor sich hergeschoben, weggelegt, absichtlich vergessen. Gerne dürfen Sie auch von beruflichen Pleiten erzählen, wenn es Stimmung und Situation erlauben. Möglicherweise weckt das den Ehrgeiz Ihres Kindes, es selbst besser zu machen. Mindestens stärkt es das Selbstvertrauen und ist somit wertvoll für eine gesunde Entwicklung zum kritikfähigen Erwachsenen.

Situation Drei: Sie übergeben Ihrem Kind die Verantwortung für Wochenendeinkäufe.

Kinder in der Pubertät sind überall lieber als zu Hause. Diesen Freiraum haben Sie bereits durch Absprachen zum Heimkommen und zum Umgang mit Geld gegeben. Jetzt ist es Zeit, den Freiraum auch für sich selbst zu nutzen. Wenn Ihr Kind schon jeden Nachmittag zum Jugendtreff schlendert, kommt es gewiss an der Apotheke oder dem nächsten Supermarkt vorbei.

Sprechen Sie darüber, dass diese neue Erledigung für alle in der Familie eine Entlastung bedeutet. Schicken Sie am besten einen kleinen Einkaufszettel mit und verlangen nur solche Einkäufe, die zusätzlich zum Schulrucksack in einer Umhängetasche Platz haben. Klar drücken Sie dafür auch das nötige Einkaufsgeld in die Hand.

»Das traue ich dir ab jetzt zu.« Zunächst wird Ihr Kind über die Verantwortung maulen. Immerhin kostet es Zeit, die für das Treffen mit Kumpels fehlt. Andererseits erlebt es als positive Konsequenz seine neue Rolle als vollwertiges, erwachsenes Familienmitglied. Letztendlich dient der eigenverantwortliche Einkauf auch der Sorgfalt, die eines Tages für die Planung der Lebenshaltung ohne Eltern nötig ist.

Bei allen Situationen gilt:

Machen Sie Strafe und Konsequenz stets vom Entwicklungsstand Ihres Kindes abhängig. Bekommt es zu früh zu viel Verantwortung, kann das ins Gegenteil der gewünschten Reife umschlagen und Stress auf beiden Seiten verursachen. Verschonen Sie es mit Verantwortung, lernt es nur seine Rolle als Befehlsempfänger kennen und entwickelt sich zögerlich oder überhaupt nicht. Für dieses und alle anderen Probleme ist es Ihre elterliche Aufgabe, aufmerksam und respektvoll miteinander umzugehen. Zum Respekt gehören Konsequenzen durchaus dazu.

Problem Drei: Eigenverantwortlichkeit durch Strafvereinbarung fördern

Bis zur Pubertät sprechen sich Eltern zu Verhaltenserwartungen, Regeln und Verboten ab. Die Kinder sitzen nur als Befehlsempfänger dabei. Doch schon früh ab Beginn der Pubertät akzeptieren sie diese passive Rolle nicht länger. Es beginnt der Kampf um Freiraum und Mitspracherecht.

Pubertät verändert auch die Eltern. Denn Ihr Kind kann sich nur so frei entwickeln, wie Sie das als Eltern zulassen. Strafen gehören weiterhin zu erzieherischen Maßnahmen. Allerdings beschließen Sie das nicht länger allein. Zu jeder Regel gehört jetzt eine Vereinbarung über Konsequenzen bei einem Regelbruch.

Klar wünschen sich Kinder in der Pubertät am liebsten keine Konsequenzen. Sie möchten aber auch als verantwortungsbewusst und erwachsen wahr- und ernstgenommen werden. Also empfiehlt sich eine Grundsatzdiskussion, in der über Regeln und Konsequenzen klar verhandelt wird. Ein Abend genügt schon, um einen wichtigen Schritt in Richtung Eigenverantwortlichkeit zu gehen.

Lösungsideen

Legen Sie keine Konsequenzen ohne Beisein Ihrer Kinder fest. Gewiss erinnern Sie sich noch an das mulmige Gefühl, wenn Sie mit Ihren Eltern unterwegs waren und die sich über Sie in der dritten Person unterhalten haben. Tun Sie das Ihrem Kind bitte nicht an. Fehltritte gehören besprochen. Konsequenzen dafür sollten ab der Pubertät allerdings mit Stimmrecht Ihres Kindes festgelegt werden. Eigene Vorschläge der Jugendlichen führen sicherer zum Vermeiden als willkürliche elterliche Anordnungen.

Bieten Sie für Grenzüberschreitungen eine Wiedergutmachung als Ersatz für eine Strafe an. Nicht jeder Regelbruch muss gleich mit Handyentzug, Hausarrest oder anderen Konsequenzen bestraft werden. Manche Dinge lassen sich durch Einsicht und Verhaltensänderung korrigieren. Bekommt Ihr Kind diese Chance, sieht es sich anerkannt und ist hochmotiviert, künftig Regeln zuverlässiger zu befolgen.

Verlangen Sie je nach Entwicklungsstand Dinge, die Sie bisher Ihrem Kind nicht anvertraut haben. Gefördert werden heißt, als erwachsen gesehen und akzeptiert zu werden. Jetzt ist es an Ihrem Kind, seine Reife durch Erfüllen der neuen Forderungen zu beweisen. Vielleicht gelingt es nicht sofort. Mit Geduld und Zuversicht stärken Sie aber Schritt für Schritt das Selbstvertrauen und geben so wichtige Wertschätzung.

Streiten Sie mit der Androhung von Konsequenzen niemals über Mode und Vorlieben. Beide Themen sind regelrechte Zankäpfel zwischen Eltern und Jugendlichen in der Pubertät. Zerrissene Klamotten und dreckige T-Shirts dürfen Sie für Schulbesuche und private Treffen verbieten. Aber was genau Ihrem Kind gefällt, darf es mit spätestens 13 oder 14 Jahren selbst entscheiden, sofern es zum Familienbudget passt.

Stellen Sie Freunde Ihres Kindes nicht in Frage. Manche Freundeskreise im jugendlichen Alter wirken auf Erwachsene befremdlich. Je rebellischer solche Kumpels wirken, desto heftiger stehen sie in der Kritik aller Eltern. Wenn sich aber Ihr Kind in diesem Freundeskreis wohlfühlt, spielen die gerümpften Nasen anderer keine Rolle.

Bleiben Sie für Strafvereinbarungen immer in der Gegenwart. Greifen Sie für geplante Regeländerungen nicht auf Fehltritte von vor ein paar Monaten zurück. Es geht beim Miteinander immer um das Jetzt und Hier. Was heute oder gestern passiert ist, soll künftig besser laufen. Alles davor gehört in den emotionalen Papierkorb.

Praxisbeispiele

Situation Eins: Sie wissen mal wieder nicht, wo Ihr Kind ist und wann es endlich heimkommt.

Dieses Thema hatten wir schon und es gehört auch hier noch einmal rein: Klar machen Sie sich Sorgen, denken tausend Flüche und möchten am liebsten jemanden stellvertretend schütteln. Oft geraten Eltern in Streit, noch bevor der junge Delinquent zur Tür hereintritt. In einem sind sich die Erwachsenen einig: So kann das nicht weitergehen.

Wütende Eltern in sichtbarer Kampfbereitschaft sind die schlimmste Vorstellung von Kritik und Strafe für Kinder in der Pubertät. Gleichaltrigen gegenüber erklären Sie ihre daraufhin miese Stimmung zu Recht mit »Der Elternrat hat mal wieder getagt.«

Lassen Sie so viel Dampf gar nicht in die Grundstimmung eindringen. Bereiten Sie lieber eine vernünftige Diskussion vor. Hören Sie sich Gründe für die unzuverlässige Heimkehr an. Erklären Sie, dass Sie sich ohne Informationen unwohl fühlen. Geben Sie Ihrem Kind die Gelegenheit, selbst eine Konsequenz festzulegen, beispielsweise zwei Tage ohne Treffen oder einen Pflichtanruf nach jedem Schulschluss.

Situation Zwei: Ihr Kind beschwert sich über fehlende Lebensmittel im Kühlschrank und/oder Naschfach.

Bisher war das ganz simpel: Heimkommen, Appetit haben, Kühlschrank öffnen, nehmen. Als Eltern sorgen Sie immer dafür, dass fehlende Sachen wieder nachgefüllt werden. Aber – hey – wozu verlangt Ihr Kind, erwachsen behandelt zu werden? Es ist jetzt reif genug für mehr Verantwortung. Wehren Sie Streit deswegen sofort ab.

»Ab morgen bist du für die kleine Einkaufsliste zuständig.« Sie sind auch nur Menschen, können mal Sachen vergessen oder gehen nur husch-husch einkaufen. Wenn Ihr Kind bestimmte Dinge immer dahaben möchte, dürfen Sie gerne verlangen, dass es sich auch darum kümmert. Dazu gehört also ab sofort ein eigenständiger Einkaufszettel.

Anfangs fehlen da bestimmt Sachen, die eigentlich immer nachgefüllt werden. Überwinden Sie Ihre elterliche Fürsorge und kaufen strikt nach dem Zettel Ihres Kindes ein. Was fehlt, ist eben nicht da. Fordern ist auch Fördern. Aus Eigeninteresse wird schon der nächste Zettel besser geschrieben sein. Vielleicht klappt das ja dann auch gleich besser mit dem kleinen Einkauf Ihres vorgeschriebenen Zettels.

Situation Drei: Schon wieder fehlt Geld in der Familienbox.

Auch dieses Thema wurde schon behandelt und scheint hier der Vollständigkeit halber noch einmal auf – stehlen gehört zu den häufigsten Fehlverhalten von Pubertierenden.

Kleine Verführungen im Discounter auf dem Schulweg liegen oft über dem noch übrigen Taschengeld. Die Familienbox ist Vertrauenssache und daher unter Familienmitgliedern jederzeit erreichbar. Dass niemand etwas ungefragt nimmt, weiß Ihr Kind schon seit Jahren. Aber schon zweimal fehlten ein paar Euro ohne rechtzeitige Ankündigung der Entnahme.

Jetzt zählen Sie wieder rundherum und kommen auf einen zu niedrigen Betrag. Ihr Kind gibt die Entnahme zu und gelobt Besserung. Hacken Sie dann nicht auf den damaligen Verstößen herum. Die wurden sowieso bereits abgestraft. Inzwischen gab es wahrscheinlich keine weiteren Vorfälle – bis heute.

Mit der Diskussionseinleitung »Zum hundertsten Mal!« zeigen Sie sich als nachtragend. Selbst wenn Ihr Kind nie wieder in die Familienbox greift, steht ab sofort immer dieser ewig alte Vorwurf im Raum. Damit sinkt das Vertrauen. Sie animieren Ihr Kind höchstens dazu, andere Fehltritte nach besten Kräften zu verheimlichen. Also diskutieren Sie dieses eine Mal ausgiebig, legen die Konsequenz fest und vergessen den Vorfall ein für allemal.

Bei allen Situationen gilt:

Beziehen Sie Ihr Kind in alle Entscheidungen ein. Sind es negative, lernt es durch Mitreden, künftige Konsequenzen zu vermeiden. Positive Entscheidungen stärken das Selbstwertgefühl und motivieren zu immer mehr Verantwortungsbewusstsein. Auf keinen Fall sind Bestrafungen sinnvoll, die über den Kopf Ihres Kindes hinweg und womöglich nach dem Vorbild anderer Eltern festgelegt werden. Diese verstärken nur den Trotz und bringen eine insgesamt tolle Entwicklung ins Stocken.

Problem Vier:
Das rechte Maß an Strafen finden

Die Zeit der Pubertät macht Kinder extrem dünnhäutig. Der kleinste Tadel kann eine Flut an Tränen nach sich ziehen, die größte Strafe nur zum trotzigen Befolgen führen. Danach wieder ins Gespräch zu kommen, ist oft tagelanges Herantasten – auch für Ihr Kind. Denn eigentlich wollen sie ja gar nichts falsch machen.

Grundsätzlich ist eine Bestrafung nur dann sinnvoll, wenn der Fehltritt selbst schwerwiegend war. Schwarzfahren ohne Führerschein ist eine solche hochriskante Überschreitung, oft eine gedankenlose Mutprobe, leider allzu oft mit fatalem Ausgang. Doch viele Regelbrüche sind weit harmloser und dennoch inakzeptabel für Eltern und Umfeld.

Es gibt weder einen Katalog für angemessene Strafen noch eine Tabelle für die Schwere der Strafe im Verhältnis zum Fehltritt. Also ist es Ihre elterliche Aufgabe, mit Feingefühl und Konsequenz Ihre persönliche Mitte zu finden. Natürlich darf Ihr Kind in der Pubertät hier mitreden, damit es aus solchen Fehlern und deren Konsequenzen lernt.

Lösungsideen

Spulen Sie bei Bestrafungen nicht den Maßregelkatalog Ihrer eigenen Eltern ab. Klar waren Ihnen in der eigenen Kindheiten Regeln, Regelbrüche und Konsequenzen geläufig. So war das eben und hat bei Ihnen mehr oder weniger funktioniert. Aber nun stehen Sie als gestandene Persönlichkeit vor einer zweiten Persönlichkeit, die sich gerade erst entwickelt. Erkennen Sie auch bei Auseinandersetzungen diese Individualität an.

Machen Sie Bestrafungen nicht zur einzigen Lösung für Regelüberschreitungen. Ständiges Bestrafen bietet negative Verlässlichkeit. Entweder umgeht Ihr Kind diese durch Verleugnen, Verschweigen oder Lügen, oder es gewöhnt sich an die Konsequenzen und stumpft gegen

Bestrafungen ab. Bieten Sie stattdessen in jedem Einzelfall Alternativen als Lösung und Zeichen der Einsicht an.

Besprechen Sie sich mit anderen Eltern zu deren Ansichten. Viele Ansichten sind kontrovers, manche ganz sinnvoll. Machen Sie sich ein eigenes Bild dazu, ohne Bestrafungsbeispiele einfach zu übernehmen. Entweder bekommen Sie hilfreiche Tipps oder finden für sich selbst andere Wege. Letztendlich ist dieser Elternaustausch ein kreatives Brainstorming mit vielen neuen Möglichkeiten.

Eine Bestrafung darf Ihr Kind niemals demütigen. Respektieren Sie die Würde Ihres Kindes selbst dann, wenn es etwas vollkommen Dämliches verzapft hat. Es genügt in der Aussprache, wenn Ihr Kind seine Scham über das Geschehene selbst eingesteht. Lassen Sie die Erkenntnis am besten unkommentiert stehen. Gehässige Bemerkungen der Eltern schwächen nur das Selbstvertrauen ohne positiven Effekt für die Zukunft.

Zuhören ist besser als sofortiges Bestrafen. Manche Fehltritte geschehen aus Gedankenlosigkeit, andere aus Abwehr gegen vermeintliche Unfairness. Vielleicht wollte Ihr Kind mit einer verbotenen Handlung die Reaktion in der Schule, im Freizeitumfeld oder in der Familie austesten. Legen Sie keine eigenen Vermutungen vor, sondern hören sich erst die Erklärung Ihres Kindes zu Ende an. Eine angemessene Strafe können Sie anschließend immer noch verhandeln.

Verhandeln Sie mit Ihrem Kind nach einem Fehltritt erwachsen zu seiner eigenen Einsicht. Gut kommt auch bei Jugendlichen der Vergleich von dem Loch an, in das nur Deppen fünfmal hineinfallen. Vielleicht fragt Ihr Kind von selbst nach Ihrem Rat, wie es eine Wiederholung des Fehlers vermeiden kann. Genau in einem solchen Augenblick dürfen Sie ohne sofortige Bestrafung eine Chance geben, von selbst Dinge besser zu machen.

Praxisbeispiele

Situation Eins: Ihr Kind geht trotz Verbot doch immer wieder zum gleichen Club.

Die meisten Lokalitäten achten streng auf die Vorschriften des Jugendschutzes. In anderen geht es lockerer zu, als es Eltern recht sein kann. Gerade das reizt Jugendliche, die Grenze auszuloten. Es muss ja nicht gleich Alkohol geben oder zu langen Ausgehzeiten kommen. Ärgerlich ist allein das konsequente Ignorieren elterlicher Regeln.

Sie haben Recht damit, wenn Sie dafür Strafen verhängen. Es dürfen auch Konsequenzen für länger als ein paar Tage sein, bei bereits häufiger Wiederholung auch eine generelle, unbefristete Einschränkung anderer Freiräume. Aber niemals sollten Ihnen bei der Ankündigung Sätze wie »Also, ich durfte danach überhaupt nicht [mehr alleine weggehen/selbst über Geld verfügen/diese oder jene Freunde treffen…]« herausrutschen.

Erstens begeben Sie sich damit in eine unnötige Verteidigungshaltung. Zweitens fühlt sich Ihr Kind dabei wie eine Kopie, wie ein ungehorsamer »kleiner Erwachsener.« Selbst wenn Sie nach dem Beispiel Ihrer Eltern handeln, sprechen Sie das nicht aus. Tun Sie es einfach, ohne Wenn und Aber, als Sie selbst und aus eigener Motivation.

Situation Zwei: Ihr Kind diskutiert um Ausgehzeiten mit dem Hinweis auf die Erlaubnis für gleichaltrige Kumpels.

Klar dürfen Sie in dieser Situation bei den Eltern nachfragen. Entweder erfahren Sie, dass das tatsächlich so ist oder, dass Ihr Kind den Kumpel als Alibi vorgeschoben hat. Im letzteren Fall stellen Sie Ihr Kind gerne zur Rede. Es ist von seiner Seite auch dem Kumpel gegenüber nicht fair, ihn vor den Karren der eigenen Interessen zu spannen.

Übernehmen Sie jedoch nicht strikt Ansichten und Bestrafungen aus dem Regelkatalog anderer Familien. Die machen ebenso viele Fehler wie

Sie selbst. Was dort zum Erfolg durch besseren Gehorsam führt, kann in Ihrer Familie Trotz und Widerspruch nur verstärken. Hören Sie lieber auf Ihr elterliches Bauchgefühl und bleiben selbst jetzt im offenen Kontakt mit Ihrem Kind.

»Bei XY machen die das auch so.« ist eine Aussage mit dem gleichen Hintergrund wie bei Situation Eins. Sie versuchen, Ihre Entscheidung mit einer vergleichbaren Entscheidung Dritter zu rechtfertigen. Damit tun Sie im Prinzip das Gleiche, das Ihr Kind mit dem Kumpel als Alibi vorher gemacht hat.

Situation Drei: Ihr Kind übt zum Frustabbau vor dem Kellerfenster mit dem Fußball Tore schießen.

Oh ja, dieses Getrete und Gedribbel so ohne Sinn und Zweck regt auf. Oft nutzen Kinder solche Aktivitäten zum Frustabbau nach Schulstress oder Streit in der Familie. Für Sie wirkt es wie Provokation. Wenn dann tatsächlich ein Schuss die Scheibe trifft, ist es bewiesen: Das hat Ihr Kind absichtlich gemacht. Wirklich?

Mit scheinbar sinnlosem Handeln versuchen Kinder in einer momentan hilflosen Situation mehr Klarheit zu bekommen. Körperliche Betätigung, möglichst stupide über längere Zeit, beruhigt die aufgewühlten Nerven und powert aus. Ebenfalls ist es ein Zeichen von Ratlosigkeit, der Sie Ihre Kinder gerne für eine Weile überlassen dürfen.

Verkneifen Sie sich herablassende Kommentare wie »Das ist ja mal wieder so was von typisch für dich.« Damit nehmen Sie Ihrem Kind jegliche Motivation, sich künftig in anderen Situationen besser zu benehmen. Auch hat es nach dieser Ansprache gar keine Lust mehr, mit Ihnen über Fehler und Bestrafungen, Regeln und Alternativen zu diskutieren.

Bei allen Situationen gilt:

Über das rechte Maß an Strafen dürfen Ihre Kinder mitbestimmen. Jugendliche haben bereits ein gutes Empfinden für Recht und Unrecht, gewolltes Verhalten und Grenzüberschreitungen. Legen Sie sich einen langen Atem für Diskussionen zu. Wahren Sie dabei einen sachlichen, auf diese eine Situation bezogenen Sprachstil. Selbst wenn Ihr Kind dabei ausfällig wird: Verzichten Sie auf abwertende Kommentare und Vergleiche. Begegnen Sie diesem jugendlichen Menschen auf Augenhöhe, damit er selbst eines Tages andere Menschen ebenfalls wertschätzend und respektvoll behandelt. Von Ihnen lernt er solche Werte aus erster Quelle kennen und wird dadurch stark und selbstbewusst.

Verhaltensempfehlungen für Eltern pubertierender Kinder

Konstruktive elterliche Verhaltensempfehlungen für die Pubertät

Unabhängig von allen beschriebenen Strategien und Praxisbeispielen überleben Sie und Ihre Kinder die Pubertät mit Schmunzeln, Wertschätzung und Vertrauen nach wenigstens einigen dieser Tipps:

Eigene Stärke: Kümmern Sie sich mitten im Jugendchaos gut um Ihre eigene Stimmung. Sprechen Sie aus, wenn Sie gerade genervt sind und suchen die Diskussion, wenn Sie sich selbst gerade weniger im Stress fühlen. Schlucken Sie Ärger und Enttäuschung nicht einfach herunter. Ihr Kind erlebt Sie dadurch ebenso verletzlich, wie es gerade selbst ist. Das verbindet selbst im schlimmsten Streit, spätestens gleich danach.

Blickwinkel auf Ihr Kind: Lernen Sie, die lieben Kleinen mit dem Teddybären nun als mehr und mehr verantwortungsvolle Menschen zu sehen. Gehen Sie die Entwicklungsschritte mit, teils durch Loslassen und Zulassen, teils durch weiterhin einen klaren Standpunkt. Freuen Sie sich an den vielen kleinen Veränderungen, die mehr und mehr die erwachsene Persönlichkeit zum Vorschein bringen.

Vergleich mit dem Umfeld: Der Austausch mit anderen Eltern kann für Ihre eigene Familie ebenso hilfreich sein wie der Ihres Kindes mit Gleichaltrigen. Sich vergleichen muss aber keinesfalls bedeuten, in einen Wettstreit um die beste Erziehungsmethode einzutreten. Gehen Sie damit locker um und lachen gerne gemeinsam herzhaft über die eine oder andere Situation, in der sich Ihre eigene Wertevorstellung von anderen unterscheidet.

Reden, reden, reden: Kinder in der Pubertät haben samt und sonders das Zeug zum antiken griechischen Senator. Also reden Sie mit ihnen, mal in deren kindlicher Stimmung, dann wieder erwachsen. Spüren Sie bei jeder Diskussion in sich hinein und versuchen Sie, auch die Stimmung der Jugendlichen zu ertasten. Wenn Sie merken, dass ein Diskussionsziel nicht absehbar ist, brechen Sie erst einmal ab und fangen – wenn nötig tausendundeinmal – nächstes Mal wieder von vorne an.

Kinder in der Pubertät so behandeln, wie sie selbst gesehen werden möchten: Sie wissen an keinem Morgen, ob nachmittags ein halb erwachsener Jugendlicher oder ein zu jugendlich gewordenes, verletztes Kind heimkommt. Leben Sie am besten jeden Tag neu und bereit für Überraschungen. So sind Sie der beste Wegbegleiter, an dessen Verlässlichkeit sich Ihr Kind am besten positiv entwickeln kann.

Stets die eigenen Werte berechenbar und vertrauensvoll vorleben: Erziehung eines Kindes in der Pubertät ist nicht das Ende Ihrer eigenen persönlichen Welt. Ganz im Gegenteil, es kann sogar Sie positiv verändern. Dafür sollten Sie vorleben, was Sie Ihrem Kind abverlangen und in allen Aktionen und Reaktionen eine Orientierung bieten.

Kontraproduktive Verhaltensweisen erkennen und verändern

Es schadet nicht, sich als fehlbar zu erkennen und dies auch vor Ihren Kindern zuzugeben. Kontraproduktiv wären allerdings für eine positive Entwicklung solche Verhaltensweisen:

Eigene Schwäche: Es macht verletzlich, sich eigene Hilflosigkeit, Ratlosigkeit und Wut einzugestehen. Stark macht es dagegen, wenn Sie Ihrem Kind solche Schwächen offen und ehrlich vermitteln. Damit kann es mehr anfangen als mit Eltern, die sich als perfekt präsentieren.

Ihr Kind mit sich vergleichen: Klar trägt Ihr Kind Ihre Gene, vielleicht die von den Großeltern. Aber es ist keine Kopie von Ihnen, sondern ein eigenständiges Wesen mit bis hierher bereits vielfältigen Erfahrungen. Es ist entspannend für beide Seiten, diese Individualität anzuerkennen, statt Maßstäbe der eigenen Pubertät auf Ihr Kind zu übertragen.

Regeln nach fremder Meinung festlegen: Zum Teil stimmt die afrikanische Weisheit schon: »Es braucht ein ganzes Dorf, um ein Kind großzuziehen.« Regeln sind für ein vernünftiges Zusammenleben im sozialen und gesellschaftlichen Umfeld unverzichtbar. Aber das Dreinreden von Verwandten und die Anmaßung anderer Eltern, von Ihrem Kind deren Wertevorstellungen abzuverlangen, führen zu nichts als immer mehr Orientierungslosigkeit. Finden Sie Ihren individuellen Weg ganz für sich als Familie.

Sture Verhaltenskataloge strikt durchsetzen: Leben besteht aus Veränderung. So ist das auch bei erwartetem Verhalten. Nehmen Sie die Überraschung an, neue Verhaltensweisen nicht immer als strafwürdig einzuordnen. Diskussion hilft, vielleicht andere, moderne Alternativen zu finden.

Beleidigen, demütigen, auslachen: Die bereits beschriebene Augenhöhe macht es Ihrem Kind möglich, sich frei zu entwickeln und Grenzen ungehemmt auszutesten. Jede Herabwürdigung erstickt eigenständige Entwicklung im Keim und fördert unerwünschtes Handeln höchstens.

Redebereitschaft abwiegeln: Schweigen ist manchmal besser, als einen Streit fortzusetzen. Bleiben Sie dennoch jederzeit Ansprechpartner, sobald Ihr Kind von selbst das Gespräch sucht. Es braucht Sie jetzt intensiv – bitte seien Sie da, wann immer solche Augenblicke kommen.

NACHWORT

Zwei Überlebensvarianten

Es gibt zwei Varianten, die Pubertät Ihrer Kinder zu überstehen. Die eine ist Überleben mit viel Stress und noch mehr Ratlosigkeit, mit Geschrei und Tränen und schlimmstenfalls einer völligen Entfremdung. Vielleicht haben Sie dieses Buch gesucht, um Überlebensstrategien zu finden. Herzlichen Glückwunsch, hier sind sie!

Vielleicht mögen Sie ja die zweite Variante lieber: Lebensstrategien MIT den Kindern in der Pubertät. Denn alle Konflikte sind eine einzigartige Chance auch für Eltern. Selbstreflexion, neue Denkanstöße zu Wertevorstellungen und Erziehungsansprüchen und bestenfalls jede Menge erleichtertes Schmunzeln sind jetzt möglich.

Bei allem Widersinn und oft fremd wirkendem Verhalten sind Kinder in der Pubertät ein klarer Spiegel, den sie ihren Eltern ungeschönt vorhalten. Schauen Sie ruhig hinein. Dann sehen Sie: Fehler sind nicht schlimm, so lange Sie als Fels in der Brandung Ihren Kindern Partner statt unanfechtbare Übereltern sind.

In diesem Sinne hatten Sie hoffentlich viel Vergnügen und hilfreiche Erfahrungen mit dem Ratgeber. Wenn Sie in vielen Situationen Ihr eigenes Familienleben wiedererkennen, haben Sie zum richtigen Buch gegriffen. Freuen Sie sich auf das Erwachsenwerden Ihrer Kinder und die neue Verbundenheit mit reifen, selbstbewussten, vertrauten Menschen!

Printed in Germany
by Amazon Distribution
GmbH, Leipzig

28337305R00095